U0004597

101 種花草木果的
自然知識與傳奇故事

植物神話
與傳說

原著◎查爾斯·史金納
翻譯◎曾盈慈

晨星出版

譯序

　　譯者，不難明白其意為「從事翻譯的人」；然而當一名譯者要向他人自我介紹，並端出一本自信作品，想必會令人苦惱不已。譯書數年以來，以自己的日文專長接受出版社的翻譯邀請，每每結束一本書稿，總是覺得意猶未盡；礙於專長限制，擔綱翻譯的書籍也以日文為主，對於拓展語種與譯筆視野的欲望愈發強烈，遂於工作之餘進修英文，或挑戰翻譯不同語種的文章、書籍，藉此鍛鍊譯筆。此時，亦師亦友的 Lydia Lin 會從旁協助我改進譯文中的錯誤，並討論文字之下蘊含的文化意涵。

　　本書的翻譯之旅始於某個炙夏午後，協助書稿校對的 Lydia 向我推薦查爾斯・史金納（Charles M. Skinner）撰寫的《花、樹、果及植物的神話與傳說》（Myths and Legends of Flowers, Trees, Fruits, and Plants，1911）一書。細品數個篇章後，我們立刻理解此書箇中趣味：你可曾知道餐桌上那顆甘藍菜，與平安夜行竊的偷兒有所關連？舉凡可食用、可入藥、可觀賞，甚至製成芳療精油的植物都有一段令人饒富趣味的傳奇故事；還能更進一步地從作者字裡行間窺探當時社會、文化、宗教等樣貌。引人入勝的故事，除了帶領讀者認識花果植物以外，還能深化了解人文方面的知識，是何等美妙的閱讀體驗！原書中多達數百種的植物，不少與你我生活切身相關。你可能沒嚐過葵瓜子，但曾在某個溫煦的豔陽天，途經一片深情凝視著日輪的向日葵花田；你或許不曉得嚏根草為何物，其實已在《哈利波特》的魔藥學中瞧過它的真面目。

　　無法自拔地一再翻閱、討論本書之際，我與 Lydia 也萌生向出版社推薦出版此書的想法。同時，Lydia 也鼓勵我向出版社毛遂自薦，擔任本書的譯者，除了本書為自己第一本跳脫日文、嘗試以其他語言翻譯之外，若說一名譯者要選擇一本書作為自己的出道作或「自慢」之作，我想，就是它了！我衷心地盼望本書的翻譯之旅能帶領我飛向更為廣闊的翻譯

宇宙——事實上，它的確賜與我不凡的翻譯體驗。相當感謝晨星出版社在提案階段就給予正面肯定的回饋。

　　然而，在我著手翻譯時隨即發現閱讀上的障礙。原書雖附細緻插圖，卻難以令人直觀地聯想到故事闡述的植物其真實樣貌，加上20世紀迄今資訊爆炸的時代，無論是植物資料庫的突破，抑或人們認知的增長，不免令身為讀者的我們萌生：「欸？我對這朵花、那片葉有一丁點印象，但怎麼就是和文字連結不起來？」「查爾斯先生筆下的甘藍菜跟我們食用的高麗菜一樣嗎？」諸如此類的疑問。出版社立即調整了本書的出版企畫，編輯們從原書中細心挑選了101種台灣人較不陌生的植物，為每篇故事搭配實際的照片，同時添加與你我生活相關的在地豆知識。故事本身的神話、宗教或地域色彩或許離我們很遙遠，輔助資訊卻候地讓本書閱讀起來萬分親切，不得不欽佩編輯們的企畫功力。

　　由於原文的段落長短不一，加上本書的篇幅有限，Lydia與我盡可能地節選出故事的精華部分呈現給讀者；再者，作者身處的時代背景，對於種族、宗教的評價較為單向，本書編譯的目的是藉由故事引發讀者認識相關花草植物的興致，故僅以原文中的傳奇、神話敘述為翻譯重點，略過作者本身對異地文化、宗教等的評價。若讀者對作者的時代氛圍、思想興致盎然，相當推薦閱讀原書或完整譯本，徜徉更廣闊的花樹果知識之海。

　　最後，衷心企盼讀者能在遊歷於不思議的神話傳說之際，同時認識這101種與你我生活相關的花、果、植物。

　　下一次，當我們食用甘藍菜時，會想起曾有一名對甘藍菜熱愛成魔的傢伙，在平安夜偷採了鄰居家的甘藍菜，而被送往月球杜絕一切欲望。豈不樂哉？

{CONTENTS

目次

001 牛膝 *Achyranthes*

科別：莧科　牛膝屬
學名：Achyranthes

　　牛膝是印度本土植物。在印度教的某種儀式中，教徒於破曉時分，會將牛膝粉末獻給神祇因陀羅（Indra）。祂是一名殺死過眾多魔鬼的英靈，但卻成了怪物那牟質（Namuchi）的手下敗將。

　　因陀羅被打敗後，爽快地與那牟質達成和平協議：祂承諾，無論白天或黑夜，都不使用固態或液態之物殺害任何鬼怪。

　　在那牟質看來，因陀羅的提議甚好，因無論情況如何演變，他都能免於因陀羅的殺戮；然而，因陀羅卻採集了一種至少在祂的理論中，既非液態也不算固態的植物，並在不屬於白晝與夜晚的黎明展開襲擊，殺死了毫無防備的那牟質。

　　怪物那牟質死後，牛膝從他頭骨的上方冒出芽來，因陀羅遂利用這株植物來鞭打其他魔鬼，鬼怪們從此便不復存在。

Point

1. 中藥的一種，《神農本草經》將之列為上品；依據牛膝的種類有活血通經、補肝腎、強筋骨的功效，但不建議孕婦與經血量多者服用。
2. 常用品種為懷牛膝（Achyranthes bidentata Blumb）與川牛膝（Cyathula officinalis Kuan）。
3. 多分布於兩半球熱帶和亞熱帶地區。

002 蘆薈（鱷魚尾） *Alligator Tail*

科別：阿福花科　蘆薈屬
學名：Aloe
別名：鱷魚尾

　　亙久以前，鱷魚們相信生活中最大的享受，就是午睡、吃飯及徜徉在陰涼的沼澤中。但後來，擅闖叢林的人類嚇傻了爬蟲類；誰知這些人滿口的粗鄙詞彙，竟像極了叢林裡的通用語言。因此，部分鱷魚聽得懂人類所説的話。他們説：「像你們這樣的爬蟲類，占據了另一側山頭的水源。」其中一位陌生人甚至宣稱：「我們在那兒的同伴將鱷魚奉為神祇，會餵養並照顧牠們。」

　　這番話激起了聽眾對未來的美好嚮往。在陌生的人們離開後，幾隻年輕鱷魚爭先恐後爬上岸，試圖喚醒牠們的耆老。但耆老卻毫不動搖，還説：「那群高談闊論的陌生生物稱之為人類，曾是住在樹上的猴子。之所以離開樹木並行走於陸地上，是因為他們砍去自己的尾巴，從此自傲虛榮，自認高高在上。所以我不相信他們的話。可以肯定的是，他們不可能崇奉鱷魚，反而自認高鱷一等！」

　　年輕鱷魚們覺得，耆老這般漠然的語氣只是源於自己無意喬遷才妄下定論。於是，數以百計的鱷魚紛紛出發，前往其應許之地，也比平常更賣力地匍匐前行。到了夜晚，累壞了的牠們爬進名為「蜿蜒蛇」的河沼，沉沉睡去。

　　河神們發現了躺在河裡休息的鱷魚們，正是曾被諸神要求待在這塊熱土，卻因為好奇心驅使而擅闖秘密之地的入侵者。於是，萬分不滿的諸神便將鱷魚們的頭插入土中，使其尾巴懸在空中擺動。從此，鱷魚不再是鱷魚，而演化成當今的一種植物。往後，荒野中的探險家不僅要克服其他障礙，還得穿越滿坑滿谷的「鱷魚尾」；這些植物也是給所有鱷魚們的忠告——**切勿離開沼澤。**

植物神話與傳説

◆

Point

1. 歐美人稱蘆薈為鱷魚尾,是因其外型長得像鱷魚尾巴,而得此名。
2. 蘆薈有清涼退火、助消化的功效,因此有肌膚護理與食用價值。人們普遍使用蘆薈來保濕、防曬,對曬傷與燒燙傷亦有幫助。
3. 尚無研究足以證明蘆薈的藥用價值,因此「吃蘆薈,治百病」的傳言仍有疑慮,且應注意食用蘆薈可能導致的潛在副作用。

003 杏仁樹（扁桃樹）*Almond*

科別：薔薇科　李屬
學名：Prunus dulcis

　　妃麗絲（Phyllis）公主與船隻拋錨在色雷斯（Thracian）海岸的少年得摩豐（Demophoon）雙雙墜入愛河，並互訂終身。起初，得摩豐獲得色雷斯國王資助，修好了船。而後他向公主許諾，會盡快在將事情安排妥當後歸來，言罷便揚帆啟程。

　　唉，只是他犯了男人都會犯下的毛病——家鄉的少女更對他的胃口，令他頓時忘卻曾經許下的諾言。另一方面，妃麗絲公主依舊在岸邊痴痴等待；每艘出現在地平線另一頭的船，都令她心兒砰然不已。時光荏苒而過，哀戚的公主在思念之苦中香消玉殞；但她死後沒有被安排下葬，神祇們讓她成為一顆杏仁樹，以表對其忠貞不移的欽佩。

　　公主成為杏仁樹後，仍持續遙望遠方，彷彿舉著雙臂，向負心漢擺手。當得摩豐回到色雷斯並知曉了一切後，感到悔恨也好，為了尋求利益以惺惺作態也罷，他動身前往尋找妃麗絲。

　　得摩豐跪倒在杏仁樹下，擁抱樹幹，並以淚水澆灌樹根。頓時，企盼成真的喜悅使杏仁樹花朵滿開。在希臘語中，杏仁樹也被稱為妃麗亞（phylla）。

　　在義大利托斯卡納（Tuscany）地區，人們拿杏仁樹樹枝來找尋掩藏的寶藏，好比他處會用榛果來尋寶。天主教徒將杏仁樹獻給聖母；此外，杏仁樹也代表穆罕默德追隨者對天堂的嚮往。

　　在希伯來傳說中，亞倫（Aaron）以它為杖；結果，放在教堂的樹枝竟在一天內發芽、結果。而後，人們以尊敬之心將手杖保存下來，一路流傳到羅馬，使其成為教宗的權杖，但這又是另一個故事了。

　　華格納（Wagner）創作了家喻戶曉的歌劇《唐懷瑟》（Tannhäuser），即使長久以來，它以音樂以外的形式傳誦於人們之間。劇中的英雄唐懷瑟是一名抒情吟遊詩人；在他前往比賽的路上，經過山坡上的一處山洞，入口站著一位氣質出眾的女人。詩人接受女人的邀請，隨她前往山洞深處；怎知，山洞裡還藏著一個寬闊華美的房間。原來，是愛神維納斯召喚他來到此地。

植物神話與傳說

◆

好一段時間，吟遊詩人忘卻一切時間、責任及與同胞的記憶；直到某天，他厭倦了永恆的笙歌、酒宴，渴求大地凡俗的粗茶淡飯。他懇求維納斯讓他回到外面的世界，但卻徒勞無功。最後，他雙膝跪地，懇求聖母瑪利亞解救他。

在漫長的祈禱過後，他緊閉雙眼，感受到一股涼爽的氣息撫過他的臉龐，抬頭望去，他發現自己身處於赫塞爾貝格（Hörselberg）。他終於回到原來的世界，暖陽自頭頂灑落，使他不禁喜極而泣。

而後，他對一名牧師告解。牧師宣稱，從未有人如此冒瀆上帝，他犯的罪只有教宗可以赦免。唐懷瑟因此千里迢迢來到羅馬向聖父求情。他經歷的故事使烏爾巴諾教宗充滿恐懼，進而對他大聲痛斥説：「你這十惡不赦的罪人！若上帝原諒你，我手上的權杖會發芽、開花。」

唐懷瑟絕望地離去，恍惚間又回到了赫塞爾貝格。油然而生的絕望感使他仰天咆哮，祈求維納斯女神帶他回去。女神回應了他的願望，他們的身影就此消失在峰巒之間。

三天後，教宗的權杖突然冒出葉子，綻放出一朵朵杏仁花。深切的恐懼及悲傷盈滿教宗的內心，他明白，上帝的審判仁慈且慷慨。他派人尋找唐懷瑟，但卻遍尋不及。因他已消失在這個世界上。

除此之外，還有一則傳説：當約瑟（Joseph）牽起聖母瑪利亞的手，他所帶的手杖突然萌發出樹葉，代表來自天堂的祝福見證了這份婚約。

Point

1. 台灣日常所稱的「杏仁」，正確名稱應為「扁桃仁」，為一常見的食用性堅果。由於杏仁與扁桃仁為近緣種植物，因此名稱使用上無特別規範，但其實兩種植物不同。
2. 具抗癌、心血管護理之效，食用價值高，常用於料理或甜點、飲品製作，亦是美白、保濕護膚聖品。

004 莧屬植物 *Amaranth*

科別：莧科
學名：Amaranthus
別名：不凋花、星辰花

在古人的信仰中，永不凋零的莧屬植物有如寶石一般，點綴了天堂的原野。雖說日光蘭（asphodel）才是死亡之花，但在希臘文中，莧屬植物象徵不朽，因而普遍用於葬禮。它深受瑞典百姓賞識，甚至有了專屬不凋花的騎士勳章。

人們把莧屬植物的某個種類稱作「尾穗莧」，原意是「愛在淌血」（love-lies-bleeding），因為它開得血紅艷麗；在法文，則意味著「修女之鞭」。他們認為，它是悔過者忍受鞭刑之苦的隱喻，也是歐美人花園中最常見的莧菜形貌。

在信奉羅馬諸神信仰的國家，耶穌升天節（Ascension Day）那天，莧屬植物是人們拿來精心裝飾教堂的花卉之一，以表靈魂永生，就像古希臘文化中，莧屬植物象徵的永恆。此外，它還有些新穎或古老的別稱：「球莧」、「王子之羽」、「雞冠花」、「溫柔之花」、「天鵝絨花」、「絲絨花」或「老槍谷」（floramor）。

Point

1. 多用於芳香精油。
2. 別名「不凋花」，色彩十分艷麗，如同人造的不凋花。事實上，它的花期稍縱即逝。
3. 與台灣常用來入菜的莧菜同屬，但不同種。

植物神話與傳說

◆

005 蘋果 *Apple*

科別：薔薇科　蘋果屬
學名：*Malus domestica*
別名：林檎

　　在波斯王國，蘋果是不朽的果實，我們能從阿那辛胡（Anasindhu）的故事中瞧見一點端倪。他與妻子帕爾瓦蒂（Parvati）同住在森林裡，但一年只交談三次，他將醒著的時間貢獻在沉思美德。他因智慧、良善而收穫好名聲，且深受國民愛戴，甚至獲得了來自天國的獎賞：雪山女神高瑞（Gauri）贈與他一顆蘋果，來自眾神對阿那辛胡得永生的期望。正當他將蘋果湊近嘴邊、張口準備咬下時，妻子的面容浮現在他的腦海，心想：「即便是艱苦不已的隱居歲月，她仍相伴左右；而今福報降臨，哪有不與妻子分享的道理？」

　　然而，令阿那辛胡吃驚的是，妻子拒食蘋果。她問道：「為什麼我得追求長生不死？」接著又說：「我無法在這片森林中獲得歡愉；我孤身一人，沒人可以分享喜悅，只能對著路過的朝聖者乞討。」

　　「所以你希望我們糟蹋神祇的好意嗎？」阿那辛胡咆哮道。

　　妻子垂首啜泣，但不一會兒，她再度提問：「或許你可以賣掉這顆蘋果？」

　　對此，聖人阿那辛胡訝然不已，但妻子的提議卻完美展現了如何運用這顆天降甘果；既能使阿那辛胡獲益，也能造福百姓、榮耀諸神。

　　「第一，你無從證明這是一顆永生之果。倘若這只是神靈對你開的玩笑，食用與否都不會改變你的現況；即使是貨真價實的天堂贈禮，得永生的你也只是徘徊在毫無樂趣可言的生活，永遠無法獲得幸福。然而賣掉它，不僅能榮耀諸神，就算你失去吃蘋果、得永生的機會，也能因行善的美德而幸福地活下去。」

　　妻子的提議使阿那辛胡動容不已，最後他進了城，把蘋果賣給國王。國王渴望成為聖人，但認為若自己獨占神祇的恩賜，是多麼地自私。他自省道：「虔誠的隱士肯定會將賣掉蘋果的收入拿去做善事；而他收受果實，卻沒能回饋人間。」

「不！我不配得永生！」他羞愧地大吼。

不過，當國王在花園中來回踱步沉思時，他看見了王后。

「吃下這顆能獲得永生的蘋果吧！」他大聲呼喊，「世界上沒人如你一般值得長久活著；也沒有人的美貌如妳一般不可方物；更沒有人的聲音如妳一般悅耳動聽；妳的溫柔親切也是世上絕無僅有。吃下蘋果吧，用永世的美麗使世界歡愉。」

王后漾起燦爛的微笑，感激地接過蘋果；國王親吻了她的腳後便回到皇宮。當夜色籠罩，王后趁國王酣睡時，摸黑來到一處隱蔽的地方，隨後，此處響起了不絕於耳的熱吻之聲。翌日清晨，侍衛長手裡捧著一顆蘋果，在花園裡來回巡視。他一點也不快樂。他盯著王后送的蘋果，眼神透露著渴望，但卻想起了一位小仕女，他對她的愛更勝於王后。

「我要讓她成為一位女神。」守衛長喃喃自語道，「她將擁有這顆蘋果，而她的美麗與善良，將永不褪色。」

結果！隔天一名穿著低微的女孩跪倒在國王腳邊，遞給他一顆外皮發皺的蘋果，並道：「偉大的國王啊，我只是一介仕女，卻拿到了能得永生的蘋果。我不值得觸碰如此珍貴的禮物，祈求您吃下蘋果，像神祇般大有作為，並受人民敬拜。」

國王為此震驚不已，詢問仕女道：「這顆蘋果是誰送妳的？」

仕女如實以告：「陛下，是您的侍衛長。」

國王喚來侍衛長，得知王后將蘋果贈予侍衛長的事後勃然大怒，下令將其處決，並在廣場上燒死王后。他痛心疾首地嚎泣著：「看看人類的偉大啊！昨日歡快無比的我，今日卻是全世界最悲慘的人。」接著，國王囑託首席祭司，將他所有的財產分給窮人，自己則穿著一襲舊衫離開王國，從此沒再回去。此後，國王以道路為家，在世界各地行乞。

一天，穿著絲綢衣服、搭乘金轎的阿那辛胡在路邊巧遇國王，國王將蘋果交給了他，並祝福說：「這個王國沒人有資格擁有它，吃下它，然後成為永生之人吧，希望你還能獲得快樂。」

阿那辛胡開心地收下蘋果。然而，正當他張嘴準備咬下時，金轎晃了一下，蘋果就這麼掉落地上；此時，一隻狗跑過去將它一口吞掉。因此，往後人類再也無法不朽；但在東方，一隻遊走於各村的小狗雖然不會死亡，卻也無從獲得快樂。

006 漿果鵑 *Arbutus*

科別：杜鵑花科　漿果鵑屬
學名：Arbutus
別名：草莓樹

　　老人佩波恩獨自蹲坐在他簡陋的錐形帳篷裡，頂著蒼白、寥落且平直的頭髮，像極了他屋子上方那根綴飾著松樹的冰柱。縱使皮草裹著他的身軀，掩去他大半面容，但飢寒交迫已使其虛弱不堪，他已經三天沒收穫任何獵物了。

　　「偉大的神靈吶，救救我吧！」他不禁嚎泣道，「是我啊，人稱冬之靈的佩波恩。我已蒼老，步履蹣跚。這兒沒半點吃的，難道我只能前往北方尋找白熊？」

　　他對著微弱的爐火呵了口氣，火焰倏然地閃爍了一下，猶如一陣暖風拂過，吹動了他那鹿皮製的帳篷。佩波恩依偎著微弱的焰火，繼續等待。他深信神靈會聽見他的呼救。

　　不一會兒，有人掀開帳篷的門簾，一名俏麗的女孩從門後現身；她棕色的眸子在淚液浸潤下熠熠生輝，雙頰漾著一抹玫瑰紅，黝黑長髮如一席罩衫，自她身後傾瀉而下。這名身穿青翠芳草與嫩葉交織裙裝的女子，懷中揣著短枝柳條，枝枒上萌發著絲絨般柔軟的花苞。

　　「我是西格溫。」她說道。

　　「西格溫，快過來坐到我的火爐旁。我才剛祈求偉大神靈的幫助，妳就現身了。妳能做些什麼嗎？」

　　「那你說說自己能做些什麼吧。」西格溫回應佩波恩道。

　　「我是冬之靈。年輕時我身強體健；一呼氣，流水便會結冰止息，萬木枯萎，花朵凋零。」

　　「我是夏之靈。」女孩應答說，「當我長氣一吁，百花齊放；凡我行經之處，川流不息。」

　　「只要我稍微晃動頭髮，天鵝羽毛般的雪片便會紛紛落下，彷彿為大地裹上一層屍布。」

　　「只要我稍微晃動頭髮，不僅天降甘霖，大地也會頓時恢復生氣；

鳥兒都會回應我的呼喚，腳下青草也會愈發茂密。我的帳篷不如你的一般封閉且晦暗。廣闊無邊的湛藍是我的居所——正是那片夏日晴空。噢，佩波恩，你來日已盡，偉大的神靈遣我來告訴你：『該是離開的時候了』。」

佩波恩緩緩抬起頭，他拉緊皮毛、將自己裹得更加嚴實，僅僅一個動作就會用盡他的氣力。終於，他的頭垂靠在肩膀上，身體倒向一旁的地上。此時，周遭響起了融雪時的聲音。

西格溫對著倒臥在地的冬之靈揮揮手，佩波恩也一點一滴消融，逝去時一點痕跡都沒留下。他的圓頂帳篷長成了一棵樹，身上覆蓋的皮毛則成了樹葉。西格溫彎腰撿起幾片被凍結成冰的葉子，將之放在自己的髮上；葉子變色時，再將之埋入大地，並對著它們吐氣；接觸到暖氣的葉片驟然充滿生氣，透著淡淡的紅，且芬芳四溢。

「孩子們會發現它們。」她喃喃說道，「他們會曉得西格溫來過，而佩波恩已然遠去。即使還留有殘雪，但這朵花證明我主宰了整片大地。河川開始流動，空氣清新了起來。」

漿果鵑便是如此栽種而成的。

007 酪梨 *Avocado Pear*

科別：樟科　酪梨屬
學名：Persea americana
別名：鱷梨

　　酪梨又稱鱷梨（alligator pear），是質地如藥膏般柔軟的水果，很適合拿來做沙拉。它是印第安人賽里歐凱（Seriokai）住在圭亞那（Guiana）荒野時最喜愛的食物，連他在奧里諾科河（Orinoco）流域的森林閒晃時，也不忘採集酪梨。

　　某次，賽里歐凱與妻子一如往常在野外散步，一隻貘看上了他的妻子，頓時對其墜入愛河，最終竟也獲得妻子的芳心。

　　接下來某日，毫無疑心的賽里歐凱像平常一樣出門採集果物，妻子則藉砍柴之名，拿了把石斧尾隨在後。正當賽里歐凱爬下酪梨樹之際，妻子猛然襲向他，硬生生將砍下他的右腿，使他只能無助地躺平。

　　妻子拾起地上的果物，匆匆忙忙奔向貘的藏身之所，苟合之輩從此遠走高飛。鄰居發現賽里歐凱後，不僅幫他止血，還將他帶回家療傷，直到他完全康復。

　　賽里歐凱接上長木椿為義肢，接著背上弓箭，前去追捕這對流亡眷侶。縱使他們的足跡已在路上消失，不忠的妻子沿途散落的酪梨種子卻在土地上萌芽成樹；賽里歐凱便倚靠酪梨樹的指引，穿越荒野，尋找他們的蹤跡。

　　這是一段漫長且令人生倦的旅程。賽里歐凱越過高山，橫渡溪流，眼前淨是綿延不絕的酪梨樹，引導他完成復仇大業。愈往前，樹愈矮小，也意味著其樹齡尚淺；再繼續往前走時，迎接他的，只剩小樹與剛萌芽的樹苗。最終，連樹木都見不著了，只剩種子。然後他發現了足跡，賽里歐凱終於追上這對亡命鴛鴦。

　　當貘準備跳離世界盡頭、往宇宙逃去時，怒不可遏的丈夫提起弓，一箭射穿貘的身軀，妻子見此慘況，也倉皇跳了起來。賽里歐凱挾著滿腔復仇的欲望追上去，穿越宇宙萬物，前去追捕那不忠的伴侶。

　　賽里歐凱正是獵戶座（Orion），他的妻子則是昴宿星團（Pleiades）；畢宿星團（Hyades）則是貘——那閃爍著紅光的星宿，正如他血紅的瞳孔。

植物神話與傳說

◆

008 羅勒 *Basil*

科別：唇形科　羅勒屬
學名：Ocimum basilicum

　　羅勒或甜羅勒（羅勒屬）一詞的語源為 Basileus，是希臘語中對王者的稱謂之一，原因無人知曉，興許它曾是治痛之王。過去，醫界人士對於羅勒抱持截然不同的觀點；一派人士聲稱，羅勒是種毒藥，另一派則認為它是治病的療藥。甚至部分人士堅信，羅勒（basil）是希臘傳說中蛇尾雞（basilisk）的簡稱，那是一種僅用眼神就能致人於死地的虛構生物。

　　在薄伽丘（Boccaccio）的故事集、濟慈（Keats）的詩歌及亨特（Hunt）的畫作中，都曾描繪少女伊莎貝拉的故事。伊莎貝拉為墨西拿地區（Messina）的少女，她的兄長們家財萬貫且熱愛做生意，卻因工作忙碌而疏於照顧妹妹。

　　因為兄長的忽略，伊莉莎白轉而向他們的事業夥伴羅倫佐尋求慰藉。兄長們很快就注意到兩人關係匪淺，但為了避免門不當、戶不對的醜聞曝光，他們先裝作對兩人的關係渾然不知，而後邀請羅倫佐出城參加慶典，再藉此殺了他。

　　他們對伊莉莎白謊稱，羅倫佐因公務在身而得離開一陣子。但幾天、幾週甚至數月時光匆匆而過，卻始終沒有他的消息。於是，她再也按捺不住心中的不安，向兄長們詢問，羅倫佐何時歸來？

　　「妳為何如此問呢？」其中一位兄弟反問她，「妳和羅倫佐之間是什麼關係？別再打聽他的事了，否則我會要妳好看。」

　　那天，伊莎貝拉將自己關在房裡，為羅倫佐的下落感到恐懼與疑惑，她孤獨地呼喚著她的情人，懇求他回來；羅倫佐也回應了她的心願。伊莎貝拉熟睡時，羅倫佐的鬼魂來到她身邊，他渾身蒼白、血流不止，一身衣裝破敗且腐爛。他對他的情人說：「伊莎貝拉，我無法再回到妳身邊了。就在我們最後一次見面的那天，妳的哥哥們殘忍地致我於死地。」

　　羅倫佐將屍體的可能所在告訴伊莎貝拉後，化作一縷輕煙消逝。後者駭然驚醒後，夢中的一切在她腦海中揮之不去，她趕忙奔向悲劇發生

之地。在那兒，她在一處被翻動過的土地發現了羅倫佐的身軀，他恍若睡著一般橫躺於地，具保護作用的土壤，讓他的軀體不至腐爛。伊莎貝拉想將屍體埋到接近教堂的墓地，但此舉卻可能引起人們注意，於是她拿來一把小刀，剜下了頭顱；然後借來一口尺寸、外觀恰好的大花盆，用一條質料上乘的麻布將頭顱包起來放入花盆中，最後蓋上一層土壤。伊莎貝拉用它種植來自薩萊諾的羅勒，守護著在情人肉體上生長的植物，藉以撫慰她的心靈。

許多時候，澆灌植物的是香精與橘子香水，但更常是她的眼淚。伊莎貝拉用愛與關懷傾心盡力照顧，植物也愈發茁壯結實，整個房間更充盈植物的香氣。然而，終日足不出戶及那因連日哭泣而蒼白的面容，使其兄弟懷疑她精神出了狀況。

為治療伊莎貝拉的「精神病」，他們取走了整盆羅勒花，伊莎貝拉不斷苦求兄長歸還花盆，卻導致他們愈發不解，懷疑她將什麼東西藏匿於羅勒花之下，於是將植物與花盆分開，果不其然，發現了一顆腐爛的頭顱；憑藉著那秀麗、捲曲的髮型，他們認出了頭顱的主人——羅倫佐。

當他們知曉這樁謀殺案紙包不住火、終歸暴露於世，又將頭顱埋回土中，而後逃往那不勒斯。可憐的伊莎貝拉則因此抑鬱而終，死前仍為她的羅勒悲愴不已。

Point

1. 義式料理的青醬所使用的羅勒為「甜羅勒」；台灣的九層塔則是一種氣味較為強烈的羅勒品種。
2. 羅勒對寒冷極為敏感，最適合在炎熱乾燥的環境栽種。
3. 音譯之故，部分國家稱羅勒為巴西里；但在台灣，所謂的巴西里實為「香芹」。

009 山毛櫸 *Beech*

科別：山毛櫸科
學名：Fagus

　　在圖斯庫魯姆（Tusculum）的柯尼（Corne）山丘，長滿了形狀怪異的山毛櫸，這些山毛櫸像極了花園中，被刻意修剪過的圓形長青木，它們是遠道而來的人們專程獻給月亮女神黛安娜。

　　其中一株，是遠近馳名的大演說家巴森紐斯・克里斯普（Passenius Crispus）鍾愛之木；他不僅會在樹蔭下閱讀、沉思，更親暱地擁抱它，還常以紅酒澆灌樹根，證明他對樹木的重視與關愛。傑生（Jason）則用它打造渡船阿爾戈號（Argo）；除了那會說話的船首外，酒神巴克斯（Bacchus）用以暢飲紅酒的山毛櫸木碗，可能是以葉子染有酒漬的山毛櫸木修磨而成。

　　偶爾，美國印第安原住民會將過世之人埋在山毛櫸樹下，或用樹幹撐高屍體，以免野生動物啃食屍骨；甚至，此舉還保全了博蘭（Polin）酋長的遺體。

　　1756 年塞伯格湖之役（the battle of Sebago）後，人們將他的遺體藏在山毛櫸樹下。後來他的兄弟們將其挖出；而當山毛櫸樹的根部下方順勢出現一個凹洞，他們便將身穿甲冑的死者軀體放入其中。他們在他胸前掛上銀色十字架、弓箭放入其手中，最後將山毛櫸種回去；這棵樹因為受到屍體滋養而高壯茂盛。接著，他們立了座紀念碑，將此標記為勇者的安息之地。

Point

由於櫸木硬度高、重量重，強度高且不易產生傷痕，加上也有一定的抗震能力，因此常用於木造建築與傢俱。

黑莓 *Blackberry*

科別：薔薇科　懸鉤子屬
學名：Rubus subg. Rubus

　　英國的康瓦爾郡盛產黑莓。在郡裡向貧苦人家佈道的約翰·衛斯理（John Wesley）平常都靠摘採路邊的黑莓維生。他曾在教堂裡向一位信眾說道：「我們都該感謝多不勝數的黑莓。從填飽肚子的觀點看來，這是最棒的郡了；但以食物多樣性的觀點來看，這郡還真是糟糕透頂。」也正是在這一刻，人們知曉了公主奧爾溫（Princess Olwen）的故事。

　　奧爾溫是一名陰鬱男子的女兒，她有位個性和父親一樣陰沉又刻薄的雙胞胎姊姊，她們之間從來沒有過爭吵。直到某一天，國王的兒子佇立在她們家門前，祈求她們給予他一杯牛奶。無私的奧爾溫倒了杯牛奶給他，沉鬱又善妒的姊姊葛塔（Gertha）則算計著如何擄獲王子。父親為了將田地全留給葛塔，便將奧爾溫送養給巫婆。相隔一日後，王子再度前來索討另一杯牛奶時，看見為他倒牛奶的人是葛塔，心中大失所望。這使得葛塔對個性溫良奧爾溫的厭惡愈發強烈。

　　很快地，王子得知了奧爾溫的去向。但當他前去探望她時，卻得知了奧爾溫的死訊。道路彼端，盛開著一朵並非當季的黑莓，那兒正是奧爾溫的墓地。實際上，巫婆將奧爾溫變成了一叢黑莓，直到王子走遠，才讓她恢復原貌。

　　但巫婆卻忘了，巫師的聰明才智也不容小覷，她千算萬算就是沒算到，王子身旁有位熟諳白魔法的巫師顧問；他將王子變成烏鴉，好讓他飛到巫婆的房子上方看看究竟發生了什麼事？王子終於見到一見傾心的她，且從黑莓的魔法樹叢解放奧爾溫。歡欣不已的他與變回人形的奧爾溫相認，後者也表示願和他浪跡天涯。正當他們沉溺於魚水之歡時，卻被巫婆發現了；巫婆中斷他倆的激情，並將奧爾溫變成藤蔓，王子則化身成鳥兒飛回皇宮。

　　狠毒的爸爸得知，王子如何用智慧勝過他的布局時，疾呼道：「把奧爾溫變成黑莓，永遠！」甚至還說：「讓她的果實時而變黑，時而變綠；果實酸澀不已，莖長出會扎人的刺！」不過，皇宮裡的巫師讓王子再次化身成鳥兒，並叮囑他道：「飛向你的摯愛，親吻她的花，在黑莓最甜美之時將她帶回來。」王子照做了，巫師也破解了魔咒，奧爾溫終於變回原本美麗可人的模樣。

011 甘藍菜 *Cabbage*

科別：十字花科　蕓薹屬
學名：Brassica oleracea

　　人們早已忘卻，那名因過於偏愛甘藍菜而被送上月球的傢伙。他實在太愛甘藍菜了；某個夜晚，他再也無法抑制對蔬菜的渴望，無奈身邊一顆甘藍也沒有，只好去偷鄰居家的。偷竊行為並不罕見，偏偏這天夜晚是特別的 12 月 24 日，挑在平安夜行竊的人被送上月球，也是剛好而已。

　　身穿白衣的小孩騎著馬來對他說：「既然你選在神聖的夜晚偷東西，那你就帶著你的籃子上月球吧！」話剛落下，他手一揮，偷兒便被拋到遠離所有誘惑的地方。任何人看見他，都將他當成訓誡青少年的鑒戒。

　　不過，還有另一個與甘藍菜有關的傳說。色雷斯王子呂庫爾戈斯（Lycurgus），因摧毀了酒神迪奧尼修斯（Dionysius）葡萄園裡的葡萄樹藤，而被綁在樹藤上懲罰。他為失去自由哀嘆不已，淚珠凝結成固體，像甘藍菜一般向下紮根。

　　這象徵著一種古老的信念：甘藍不僅是葡萄的世仇，且有助於治療酒精中毒。事實上，甘藍普遍被認為是所有植物的敵人，因它在大地愈發茂盛，讓其他植物難以攝取營養。

　　儘管它烹煮或腐爛時難聞至極，令人退避三舍，伊奧尼亞人（Ionians）仍視甘藍菜為神聖的植物，並以甘藍菜起誓。此外，仙女們也像騎著掃把的女巫，坐在甘藍菜的莖上四處遨遊。

Point

台灣常食用的高麗菜是甘藍菜的變種，植物學上稱「結球甘藍」。據說是在荷蘭統治台灣時引進。到了日治時期，日本人宣稱甘藍菜具有高麗人參般的營養價值，因此鼓勵人們食用甘藍菜，久而久之就變成了「高麗菜」；亦有「蔬菜中的高麗參」之美譽。

012 仙人掌 *Cactus*

科別：仙人掌科
學名：Cactaceae

　　墨西哥國徽的圖樣是一隻佇立於仙人掌上、嘴中叼著蛇的老鷹。傳說阿茲特克人（Aztec）展開朝聖之旅，尋求一塊富饒且安全的土地時，他們的智者告知他們，當老鷹、蛇與仙人掌齊聚一堂，便是應許之地。1312 年，他們到達了今日墨西哥市的聖多明哥廣場，並在此休憩、建設，一個比幻想更美好的國度就此奠下根基。

　　相傳祕魯巫師會利用仙人掌的刺進行隔空施術，造成施術對象死亡或受傷，往後此法被稱作巫毒術（Voodooists）。通常，祕魯巫師會一邊喃喃自語，一邊將仙人掌的刺戳進破布或黏土製的巫毒娃娃，進行下咒。

　　仙人掌能在缺水的旱地儲存水分，因此被迷失在沙漠中的人們視為珍寶。生活在花團錦簇環境裡的國民，並不懂欣賞仙人掌綻放的艷麗花朵。在其六百多個品種中，美國人會將胭脂仙人掌（nopal）用作胭脂蟲（cochineal）的食物，其他種類則可拿來當水果食用，或做成飼料、繩索。

Point

1. 仙人掌種類繁多，從小尺寸到巨型仙人掌應有盡有。其保水力強又耐旱，多生長於沙漠等乾燥環境。短短的小刺其實是它為了適應乾燥環境而退化的葉子。
2. 因為好照顧的特性而成為家庭景觀植物，果肉為紫紅色，可食用。
3. 仙人掌為澎湖特色食物，不過全台各地皆有栽種。

013 山茶花 *Camelia*

科別：山茶科　山茶屬
學名：Camellia japonica
別名：海石榴（古稱）、玉茗花、耐冬

　　山茶花的名字源於摩拉維亞耶穌會（Moravian Jesuit）的會員卡梅爾（Kamel）。1639 年他從菲律賓返回西班牙後，覲見瑪麗·特蕾莎（Maria Theresa）王后，並向王后進獻一叢叢葉子光滑的植物，上頭開著兩朵清麗脫俗的白花。瑪麗王后欣然收下禮物。

　　此時，她的丈夫費迪南德（Ferdinand）正陷入憂鬱情緒，並在隔壁房間來回踱步，王后隨即將花朵摘下，希望藉著花之美，讓丈夫轉換心情。結果效果卓越，費迪南德轉憂為喜，下令將這株植物種植於皇家溫室。

　　山茶花象徵潔淨，因它不僅純白如雪，還有一股薄弱的清香；然而，作家小仲馬卻在他知名的小說中，以「山茶花」（play Camille）或「茶花女」（the lady of the camellias）代稱誤走歧路的女主角，讓山茶花的美名染上一層晦暗不祥的意義。

Point

1. 山茶花在亞洲有不同稱呼，日本稱之為「椿花」，韓國則叫「冬柏花」。在中國傳統觀賞花卉中名列第八，亦是世界名貴花木。在台灣則為新竹市市花。
2. 寺廟周圍常種植山茶花，因此又有清心寡慾的象徵。
3. 台灣山茶花的花期為 11 月至隔年 2 月。

014 風鈴草 *Campanula*

科別：桔梗科　風鈴草屬
學名：Campanula

　　風鈴草學名為「Campanula speculum」，形似古代的鏡子，因此也被稱為「維納斯之鏡」（Venus' looking-glass）。

　　這個別稱的由來是，相傳維納斯有一面鏡子，能使映照的萬物美麗倍增。因緣際會下，一位牧羊人拾獲這把維納斯遺落的寶物，頓時沉溺於自己的完美無瑕，呆站在原地，不可自拔地咯咯竊笑。

　　前來尋找寶物的邱比特（Cupid）見狀，不禁覺得又好氣又好笑，母親的寶物竟落入一名鄉巴佬之手。於是，他擊落牧羊人手中的鏡子，徒留錯愕的牧羊人在原地放聲嚎泣。但擁有神力的鏡子於掉落時映照著草皮，從而萌發出更加亮麗的風鈴草。

　　「坎特伯雷鈴鐺花」（Canterbury bells）形似鐘鈴，是著名的風鈴草品種之一，其名源自於朝聖者前往坎特伯雷，並在遇刺身亡的湯瑪士‧貝克特（Thomas Becket）墳前，獻上祈禱時搖響的鐘鈴。

植物神話與傳說

◆

> **Point**
>
> 格林兄弟版本的《長髮公主》就是以風鈴草命名，因此部分國家的長髮公主譯本稱為《風鈴草公主》

015 樟樹 *Camphor*

科別：樟科　樟屬
學名：Cinnamomum camphora
別名：香樟、本樟、鳥樟、栳樟、樟仔

根據一則日本傳說，樟樹的靈魂能支配萬物。

其中一棵壯碩且粗糙的樟樹標本，就矗立在日本熱海市的寺林。曾有一名虔誠的隱士居住於此，他可經由冥想巡訪廣闊碧海，同時將暴風雨欲來的消息傳達給水手們；或從海面上的漣漪得知，將有一群鯡魚悠游而來。

在一個萬物歉收的季節，隱士夙夜匪懈地祈禱、提出勸告，並在筋疲力盡後進入夢鄉，他在夢裡看見海岸邊堆滿魚貨；心中充滿感激的他想立刻前往海邊，向海神致謝。但當他甦醒時卻嚇壞了。此地夾雜詭譎的咆哮聲，烏雲接二連三從海面上冉冉冒出，海底火山爆發了。

挾帶漫天塵埃的蒸氣，竄向數公里高的空中，岸邊成堆的魚群紛紛死於這場災難。地面搖晃不已，受害於蒸氣與煤氣、陷入半窒息的人們伴隨著警報聲，倉皇向內陸跑去。此時，地面猛然陷落，樟樹的樹冠開裂至樹根，一道仙逸的身影自被劈開的樹幹中走出，把被地震震落的樹枝遞向隱士，示意他接住，並在蒸騰不已的海面上揮舞三次，最後以慈悲為懷的觀音之名拋入水中。

隱士衝到岸邊放聲疾呼，使大海停止喧囂。於是，火山爆發平息了，徒留屍體及讓村民飽餐一頓的魚兒以外，魚群再度安全地悠遊四海。爾後，萬物一片祥和。僧人們說，從樟樹中走出、看似樹靈的神祇，其實正是觀世音菩薩本人。

Point

1. 樟樹用途廣泛，能提煉樟腦及樟腦油。因木質芳香，不僅能抗蟲害還能防潮，是熱門的建築材料。樟腦與樟腦油則能用於醫學、防腐、殺蟲或製作農藥與香皂、香精。
2. 藥用性質相當優異，且腐爛後有機會長出珍貴的樟蕈、樟茸；牛樟還能拿來培養「靈芝」，因此台灣早期才有許多「山老鼠」盜伐樟木。
3. 蠶豆症患者不宜接觸。

016 美人蕉（曇華） *Canna*

科別：美人蕉科美人蕉屬（亦稱曇華科曇華屬）
學名：Canna
別名：曇華、蓮蕉

　　日常所見的美人蕉，其高調艷紅的花瓣猶如紅布條。由於它的種子是印度佛珠的素材之一，因而被東方人視若珍寶。

　　據緬甸人傳言，美人蕉源自於聖血。佛教中，惡名昭彰的提婆達多（Devadatta）[1]嫉妒釋迦牟尼的影響力與聲望，於是便在聽聞釋迦牟尼出發旅行時登上山丘，在坡邊擺了顆巨石，等待聖人到來。

　　當他厭惡的對象通過山腳下時，提婆達多便奮力將巨石往下推。巨石滾落到釋迦牟尼腳邊，驟然迸裂成數以千計的小碎石。其中一塊石片擊中釋迦牟尼的腳趾，流出的鮮血浸潤了大地，美人蕉也從地表萌芽盛開；而大地彷彿也有善惡感應般，提婆達多腳下的土地猛然崩落，將他吞噬殆盡。

> **Point**
>
> 1. 美人蕉不是香蕉，是因為葉片長得神似香蕉葉而得名。
> 2. 是花色豐富、花期長的景觀植物；也具有藥用價值。

---

[1] 為釋迦牟尼的堂兄弟，曾加入其僧團，後來卻因意見不合與權力鬥爭另外成立教派，並設計謀害釋迦牟尼，是佛教經典中相當負面的人物形象。

017 康乃馨 Carnation

科別：石竹科　石竹屬
學名：Dianthus caryophyllus
別名：香石竹、剪絨花、洛陽花等

在祖父母輩的印象中，康乃馨是粉紅色的，因為再也沒有比粉色康乃馨更受歡迎的品種了。其實呢，有篇文章曾提過，康乃馨的英文名為「Carnation」，揭示了那抹粉嫩的紅色，其實是血肉（carne）的顏色；但也有人曾告訴我們，康乃馨的語源不過就是從加冕之禮（coronation）演變而來，因古代人習慣用芬芳的花朵做成加冕的皇冠，或以其作為打扮自己的花環。

康乃馨也是深受眾人喜愛的花卉；不僅是廚師們入菜的調味劑，酒類專家更發現它能賦予啤酒與紅酒更濃郁的香氣。同時，康乃馨也像玫瑰葉一樣，能做成蜜餞，「沁人心脾，無以言喻」。人們相信，康乃馨生長於戀人的墳墓，因而用它來妝點葬禮。不過呢，康乃馨也是一種代表喜樂與歡愉的花卉，因它是耶穌基督出生時，首次於大地現跡的花卉之一。

位於義大利的龍塞科之家（house of Ronsecco），採用康乃馨做為家徽的形象其來有自：伯爵夫人瑪格麗特・龍塞科（Margharita Ronsecco）的戀人奧蘭多（Orlando）在大喜之日前夕，不得不匆忙離開她身邊，只為了從薩拉森人（Saracens）手中營救基督之墓。當時，康乃馨便是瑪格麗特贈與奧蘭多的餞別禮。一年後，一名士兵捎來了奧蘭多戰死沙場的消息；他將一縷亮麗的頭髮及康乃馨物歸原主，那是奧蘭多生前視為護身符隨身攜帶的物品。瑪格麗特發現，這朵被血濺染而由白轉紅的康乃馨已開始結子，因而她種下種子，緬懷逝去的愛人。

植物漸漸盛開成一株潔白的康乃馨，猶如瑪格麗特送給她的騎士般純粹；然而，這株康乃馨的花心，卻漾著一抹前所未見的赤紅。

> **Point**
>
> 為母親節與婚禮的常用花卉，因為康乃馨兼具「母愛」與「純潔」的意涵。其中有此一說：母親節若配戴紅色康乃馨，代表母親仍健在；若為白色，意義則相反。

018 長角豆 *Carob*

科別：豆科　長角豆屬
學名：Ceratonia siliqua

　　本篇是與長角豆有關的猶太傳說——《塔木德》（Talmudie），可在全世界半數地區的民間故事中找到相對應的版本。其中，最為人所知的文本是《李伯大夢》（Rip Van Winkle）[2]，希伯來人是如此描述這則故事的：從前，一位叫做查米的猶太拉比[3]在國外遊歷時，巧遇一名在路邊種長角豆的老人，他為老人愚痴的舉動訕笑不已。

　　「白髮蒼蒼的你，還奢望從這株植物收穫果實嗎？長角豆要三十年才能成熟結果，在那之前，你早就跟老祖宗相聚了。」

　　「先生，您所言甚是。」老人謙恭有禮地回應查米道，「但我並非為自己而種，如同也是受前人恩德才有長角豆可吃。因此你不覺得替他人栽種長角豆，也是剛好而已嗎？我的孫子們會一邊享用佳餚，一邊感念我。」

　　隨後，查米繼續在外遊蕩，直到筋疲力盡，跌坐在路旁休息。當他再度甦醒時，旭日已重新高掛天際。思忖家人們肯定為他野宿在外、徹夜未歸而焦心，因而憂愁不已。查米起身想趕快回家，然而，他頓時感到四肢頹然無力、皺紋滿布、關節僵硬、頭部沉甸甸地，連思考都變駑鈍。

　　過了一會兒後，他走到與老人相遇的地方，赫然發現小樹苗已不見蹤影，取而代之的是一棵高聳、結滿成熟豆莢的長角豆樹。一名小男孩滿臉渴望地仰望著纍纍樹果。

　　查米詢問小男孩說：「這樹是誰種的呀？」

　　「我爺爺在他過世前一天種的。」

　　男孩答完後，查米便轉身離開，繼續趕路回家，並感到一切都如此令人難以置信。他像剛睡醒般，用雙手撫了撫雙頰，確認自己是否還在

[2] 又稱「美國桃花源記」，敘述主角李伯因喝了矮人的酒而陷入數十年的沉睡，醒來時家鄉已人事全非。
[3] Rabbi，猶太人的階層之一，是富含知識的學者，也是對智者的尊稱。

做夢，但卻驚覺臉上冒出了長長的白鬍子。他終於回到家鄉後，卻認不出任何一位街坊鄰居的長相，好在當他抵達兒子家門口時，還認得出此處是誰的家，於是便愉快地進了家門。

只是，在轉角處看顧嬰兒的女士對他而言很是陌生，他只好慌忙轉向另一位未曾見過的鬍子哥說：「抱歉，我認錯了。我以為這是我……我兒子查米的家。」

「我父親就是查米的兒子，只是他們都已去世多年。」

「去世了！我的兒子啊，他……死了？」

「想必你跟我父親是舊識，」鬍子哥說道。「若是，歡迎你來作客。」

「沒錯，我還認識查米。」

「這怎麼可能？」

「我正是查米！」

「查米？胡說八道，他去世七十年了！當年他遊歷在外，於某個荒野成了野獸的盤中飧。」

「不，不是的！我跟你說，我就是查米，我還活得好好的。」

查米變得更虛弱了，連站都站不穩，他的孫子（鬍子哥是查米兒子的兒子）將他攙扶到沙發上。他在孫子家待了幾天，但情緒卻愈發低落，靈魂渴望著來生。於是，當他親眼看見那棵被栽種的長角豆，樹上的豆莢迸裂開來，便衷心祝願子孫福順，而後便進入永恆的沉睡。

Point

鑽石的計量單位「克拉」與長角豆有關，因為其種子的重量相當平均，多在 200 毫克左右。因此今日的 1 克拉便等於 200 毫克。

019 洋甘菊 *Chamomile*

科別：菊科　母菊屬
學名：Matricaria chamomilla & Matricaria recutita
別名：母菊

　　遍地漫開、花香遠播的洋甘菊，花朵純潔形似雛菊，葉子呈細長狀。它可用來泡茶，鄉下地區的「家庭老醫生」——祖母，總愛拿洋甘菊茶「袪寒」；然而，這道慈悲為懷的關愛，卻把年輕人折磨得死去活來。

　　洋甘菊的生命力堅韌，即使在天寒地凍又雲霧繚繞的加拿大新布蘭茲薇省（New Brunswick）海岸邊，仍然生氣蓬勃；花朵尺寸與鮮俏的外型勘比美國的野白花與雛菊。

　　洋甘菊遍地可見；它是埃及人拿來獻給神靈的花卉，因此備受尊敬。順帶一提，它還能治療瘧疾。此外，在羅馬人治療毒蛇咬傷的數種處方中，洋甘菊即是其中一種。

Point

1. 是藥用植物的一種，全株皆可入藥，藥用範圍相當廣泛。原產地為歐洲，主要為德國、法國、摩洛哥等地。
2. Chamomile 在希臘文中意為「地上的蘋果」，源自於洋甘菊能治癒生長在其周遭植物的特性，有如幫助人們遠離疾病的蘋果一般。
3. 洋甘菊的效用多多，除能改善肌膚狀況而被製成保養品以外，也因為擁有安定心神、幫助入眠的特性，而被製成助眠產品。

020 櫻樹 *Cherry*

科別：薔薇科　李屬
學名：Prunus

　　當梅花凋零，幽香成為回憶，亮麗的櫻花便為森林抹上一層鮮麗；
襯著月色，林木間迴盪著夜鶯嘹亮的歌聲。日本的櫻花樹不具食用價
值，果實小且酸不溜丟地寥落無幾，僅樹皮能在藝術創作中派上用場。

　　櫻樹的不朽，來自於日本人對色彩的細緻品味。西元五世紀時，日
本天皇在櫻花漫開的湖上乘舟遨遊、舉杯小酌時，幾片粉色花瓣不偏不
倚飄落酒水上，為他的觥酌加冠，猶如羅馬人以玫瑰加冕酒杯❹；瓊漿
上漂蕩的花瓣如絲縷般柔美，以至於天皇從此養成了每逢櫻花盛開的時
節，都要乘船於櫻樹下舉觴暢遊的志趣。自此，人們賞花時也不忘小酌
幾杯。

　　之後，還有位天皇透過詩歌，讚頌櫻花之美，並在御所周圍栽種繁
茂的櫻樹，賞花的習慣也在追隨天皇的民間蔓延開來。日本人對櫻花樹
的敬重，從須磨寺裡那塊謹告人們的牌匾上不難瞧出端倪：「敢折一根
樹枝，便斷你一根手指。」

　　森林中的神祇尤其憎惡人類傷害他們鍾愛的櫻樹、松樹與柏樹，而
一位對愛情失望透頂的少女則用她的行動證明了神祇護樹的事實。當她
不再期待出軌的情人回心轉意，便在夜半三更換上白色衣裝，頭上綁著
三隻火光搖曳的蠟燭，脖頸前懸著一面鏡子，左手拿著象徵負心漢的稻
草人，右手握著榔槌與釘子，出發來到神社裡的小樹林。

　　她將稻草人釘在樹幹上，祈求神靈奪走負心漢的生命，並向眾神保
證，只要實現她的願望，她會拔除釘子，且不再叨擾樹木與神祇的安
寧。她在這片神聖的林園中祈禱數夜，每次來此祈願都再釘上一根釘
子。她深信，神祇們為了保護珍稀的樹木，願犧牲這片人畜興旺土地的
其中一個生命。

植物神話與傳說
◆

---

❹古羅馬人的一種習俗，在酒杯中撒落玫瑰花瓣，為飲酒之人獻上祝福；反
　之，喝下撒了花瓣的酒水，則是對撒花之人表示敬意。

021 栗樹 *Chestnut*

科別：山毛櫸科　栗屬
學名：*Castanea*

在確保人們對栗樹的喜愛方面，美國人做的不多，僅是致力於改良栗子的大小與品質；反觀歐洲，栗樹卻很受人崇敬。古老的栗樹品種就像知名的橡樹及榆樹一樣，受到無微不至的細心照料。

其中一棵種植於托特沃斯城堡（Tortworth Castle）莊園的栗樹，樹齡一千多歲。11 世紀時，無人不知曉這棵壯闊的栗樹。在埃納特（Etna）地區，某處長了五棵栗樹。一百多年前，這群栗樹萌茁成一棵高聳巨木，主幹粗 22.3 公尺，人們稱之為「百騎大栗樹」（the Tree of a Hundred Horsemen）。然而，曾經高壯的栗樹今已衰頹，它的盛名在古文獻與版畫中永流傳。

又有一說則是，色諾芬（Xenophon）的軍隊撤退時為栗樹所救，因此人們會在聖西蒙節（St. Simon）時莊重地食用栗子，或於聖馬丁節（St. Martin）時為發送栗果給窮人。諸如此類的事蹟在在顯示了栗樹蘊含的神聖意義。

眾所周知的「馬栗」（horse-chestnut，或稱歐洲七葉樹）之所以稱為馬栗，是因其葉子開裂處形似馬蹄。將栗子壓碎後當作為馬匹治病的餐食，也確實符合「以形補形」（doctrine of signatures）的論點。事實上，馬栗的發明源於土耳其一位名叫阿奇亞斯勒（Akyazli）的回教徒。這位隱士曾想烤塊肉吃，便將木棒插入土中，好把肉固定在火的上方。

由於他是神聖的教徒，天界的聖靈遂讓沒入大地的木棒，茁壯成我們熟知的栗樹。

Point

1. 栗子被稱為「百果之王」，富含碳水化合物、蛋白質及脂質；此外也富含維生素，且有抗氧化的功效。
2. 因為營養素充足，人們常拿栗子入菜、燉湯，或做成糖炒栗子、甜點。

022 菊苣 *Chicory*

科別：菊科　菊苣屬
學名：Cichorium intybus

　　當夏天來臨，美國新英格蘭（New England）的草皮便會綻放左一粉、右一藍，嬌柔甚美、形似蒲公英的花朵，然而，菊苣卻生長在雜草堆中。其鮮嫩的幼葉可做成美味的沙拉。但出人意料的是，今日它已是最普遍的咖啡風味添加物。

　　花瓣多且形似太陽光芒的菊苣，不免成為太陽傳說的主題，我們能在羅馬尼亞發現它的蹤跡。在那裡，溫柔婉約且娉婷可人的芙蘿兒（Florilor）被稱許為「花中少女」。最初，「花中少女」吸引了太陽神並令其神魂顛倒，因而特地下凡，想與她共度良宵。芙蘿兒明白雙方身分地位的落差，同時懷疑這是否意味著婚約，因此拒絕了神祇的邀歡，惹得太陽神既訝異又憤怒。

　　為了報復少女的無禮，太陽神命令芙蘿兒變成一朵花。從此，芙蘿兒變成菊苣，不僅從日出至深夜都得守望太陽，甚至像要嘲笑她一般，賦予其神似太陽的外貌，因此菊苣的古老別稱是「太陽的追隨者」及「太陽的新娘」；德國人則稱它為「道中燈火」（way-light.）。

　　幾世紀以來，菊苣始終被當成催情劑。男人會偷偷對情婦使用菊苣種子，藉此套牢情婦的感情。在德國的某則故事中，一名少女的愛人出發遠航，而忠貞的少女傾盡一生，坐在路邊等待良人歸來。她長年維持凝望遠方的姿態，以至於某天終於向下紮根，幻化成一朵粉藍色的花，並被人們稱為「道路守望者」；但有另一個版本則描述說，少女是因為某種正當理由才被拋棄，而這段故事盛行的地區稱菊苣為「被詛咒的少女」。

Point

1. 沙拉裡的涼拌菜「苦苣」是菊苣的品種之一，葉子有苦味。
2. 因有解熱、退火、顧眼睛之效，也被稱為「明目萵苣」。

植物神話與傳說

60

023 菊花 *Chrysanthemum*

科別：菊科　菊屬
學名：Chrysanthemum

　　菊花來自中國，約在幾千年前引進日本。西元 14 世紀時，歷經漫長的「菊花戰爭」，才成為日本的國花之一[5]。這場戰爭可比西方的「薔薇戰爭」，不同之處在於，由於當時缺乏瞬間致人與死的武器，導致這場仗打了 56 年才落幕。

　　菊花象徵太陽，那井然有序、成圈綻放的花瓣則體現了完美，如同日本人精工切割的水晶球，暗喻日本國旗上的太陽。

　　相較於美國，日本菊花的品種並不多。新品種的菊花價格昂貴，但清韻與斑斕程度更甚，因此從貴人至平民無一不欽賞；百姓們也樂於花費 2.5 美分（譯註：約台幣 0.7 元，當時可以買高檔物品）參觀舉辦於團子坂（Dango-Zaka）或東京花市的年度菊花展。

　　展覽中，菊花披覆在枝條或石膏塑成的人像上，成為類似動物、船隻的菊花藝術品，甚至被做成花浪上的泡沫——這可謂最荒誕、奇特的作品了。儘管花朵沒有剪枝，卻直接種在填充圖樣的稻草中。每晚，展覽會場都會為展品灑水，如此一來花朵便可盛開數週。

　　碩大的展場市集展售著便宜的花卉，另一頭的花園裡則種植著紅、黃或白色等瑰麗的菊花。日本的菊花有 250 個品種，但花匠們正以令人瞠目結舌之速開發新品種。透過不同品種及顏色的配種，花瓣對稱有序或參差不齊，古樸或艷麗，有條紋、斑點或單色、挺直或蜷曲。總之是各種各色、有大有小、包羅萬象。

　　美國圖鑑上記載的菊花超過 500 種，其中還有青綠色與薰衣草紫的菊花，那也是最接近藍色的品種了。不過由於稀奇古怪的品種悖離花朵本身的功能，因而此類奇珍異花甚少結子。

　　此外，菊花因花期悠長而獲得「長壽」的含意。日本甲斐地區的許多河流沿岸都種滿菊花，當地人會在菊花飄落水面上時飲用湖水，因為他們相信，這麼做有助於延年益壽，而今日酌飲菊花酒也來自相同的概念。

植物神話與傳說

◆

　　[5] 日本沒有官方的國花，長期以來都以菊花與櫻花作為代表花卉。

Point

1. 中國詩詞裡，常以菊花盛開的季節代表秋天、重陽節或高潔的隱士。因其有延年益壽的意涵，因此常見於清明節、重陽節等祭祖儀式；然而千萬不可送人菊花，尤其白菊花，畢竟白菊花有哀悼之意，而冬菊則代表離別與失戀。
2. 通常拿來作觀賞用，也能沏成菊花茶飲，有清熱、緩解眼睛疲勞等功效。
3. 菊花不僅高雅清麗，也是天皇專屬紋章，因此許多日本人將菊花奉為國花，且日本護照上的紋樣也是菊花。現今，一年一度的菊花大展已移師至新宿御苑舉辦。

024 金雞納樹 *Cinchona*

科別：茜草科　金雞納樹屬
學名：Cinchona
別名：雞納樹、金雞勒、奎寧樹

　　奎寧又稱耶穌的樹皮、祕魯樹皮或金雞納樹皮。近百年來，早已是你我都不陌生的治病良藥。

　　人們在一場奇特的際遇中發現它的功效，傳說是如此記載的：一陣狂風吹倒了金雞納樹，使其不偏不倚落入作為人們蓄水池的湖泊。當地居民隨即意識到水質變得異常苦澀，便轉而找尋他處的水源。

　　此時，一名為病所苦、高燒不退又口渴難耐的男人路過浸泡金雞納樹的湖邊，他將臉湊近湖面、大口牛飲了起來。男人就這麼治好了自己的病。隨後，他向世人宣揚金雞納樹皮的療效。祕魯副王后兼金雞地區（Cinchon）的伯爵夫人得知此消息後，便命人將金雞納樹皮磨成粉末，送到研究機構做實驗。

　　因此，最初奎寧是以「伯爵夫人藥粉」（countess' powder）之名被引進歐洲。

Point

1. 樹皮含有多種生物鹼，其中以奎寧最多。奎寧曾被視為對抗瘧疾的特效藥。
2. 據說日治時期，日本人為了治療瘧疾，在台灣廣泛種植金雞納樹，使台灣成為奎寧的寶庫。

025 肉桂 *Cinnamon*

科別：樟科　樟屬
學名：Cinnamomum

　　肉桂是眾所周知的香料，取自於肉桂樹的內皮；古代人會將肉桂樹的葉子編成花環，用以裝飾羅馬神殿。從樹木中提煉出來的聖膏油則可拿來塗抹聖器，希伯來禮拜堂的祭司也會用它塗抹身體。

　　肉桂樹皮在阿拉伯的地位如此崇高，因此只有祭司才可以擁有樹皮，且要將第一捆樹皮放在祭壇上獻給太陽神，而太陽神會用一道火光將之點燃它。

　　另外，由於肉桂盛產於毒蛇橫生的山谷，採集肉桂者需在手腳上綑綁繃帶，保護自己免受毒牙嚙咬。人們避免裸露身體、摘採肉桂之舉，正好為它的高貴提供了強而有力的證明。

Point

1. 西方人所稱的肉桂多指「錫蘭肉桂」，台灣亦有栽培；土肉桂則是台灣特有種，且由於其香氣豐富，常被製為肉桂粉末，加入各式料理中用以提味，如蘋果派、肉桂捲等。
2. 與肉桂同屬的植物還有桂皮，被當成中藥使用或提煉成桂油，可用於香氛、香菸、醫療等領域。

026 香櫞 *Citron*

科別：芸香科　柑橘屬
學名：Citrus medica
別名：枸櫞、香水檸檬

　　今日，香櫞之所以風靡於世，得歸功於將它加入飲食的猶太人。他們在住棚節（Feast of Tabernacles）**⑥**期間，會用左手將香櫞帶進會幕，然後在儀式期間當成蜜餞食用。

　　這項習俗似乎和中世紀時期，人們相當敬仰香櫞果，因其為效果卓越的解毒劑有關。當死刑犯被處以蛇囓之刑後，常食用香櫞舒緩不適，並在擺脫折磨後重獲健康之軀、歡愉之靈。當局者為此頭疼不已，但卻也束手無策，畢竟已遭受蛇囓之刑的罪犯在「法律上」已然死亡。

　　在印度，寡婦們即將投火殉夫時會隨身攜帶香櫞，也許它象徵著伴侶的消逝之於生活的悲痛。

> **Point**
>
> 1. 香櫞與苦橙雜交後的小孩是檸檬；其中一個變種植物便為著名的「佛手柑」。
> 2. 是中藥裡的理氣藥，可治療咳嗽與多痰的症狀。

⑥ 住棚節的由來詳見「078 棕櫚樹」（第 172 頁）。

027 鐵線蓮 *Clematis*

科別：毛茛科　鐵線蓮屬
學名：Clematis

曾有段時間，美國的鐵線蓮被稱為「愛」（Love）。

鐵線蓮攀附的習性為旅人帶來歡愉，因它為旅館的門廊提供庇蔭，灑落在路旁的涼蔭，也使徒步旅行的人們感到放鬆。不過，鐵線蓮還有其他令人匪夷所思的別稱：「荒煙『蔓』草」（Wild vine）、「菸斗手杖」、「湯巴卡」（tombacca）、「惡魔之刃」、「惡魔的糾纏」、「波西米亞植物」、「仕女的涼蔭」（ladies' bower）、「處女的涼亭」（virgin's bower）、「老人的鬍鬚」，以及「乞丐的植物」。

「湯巴卡」與「菸斗手杖」意指，人們拿鐵線蓮的莖當作菸斗的填充物或雪茄的替代品，就像男孩們有時會拿藤草當菸抽。鐵線蓮那灰白色、纖細的絨毛能讓種子飄浮到新的停泊處，因此將它喻為「老人的鬍鬚」可說恰如其分。

明顯具有歧視意味之「乞丐的植物」源於一些職業乞丐的實驗。他們將鐵線蓮的葉子拿來摩擦傷口，這麼做是為了在傷口潰瘍後，塑造出不堪入目的形象。這種植物會分泌有刺激性的汁液，進而引發淺層的疼痛；拿這種自然的假傷口欺騙慈善人士，和假肢障及偽失明一樣有效，畢竟此地的貧民都被憐憫的施捨慣壞了。

Point

爬藤類植物之一，在台灣多作為景觀植物。

028 耬斗菜 *Columbine*

科別：毛茛科　耬斗菜屬
學名：Aquilegia
別名：夢幻草

　　耬斗菜色彩繽紛，開著鮮紅、猩紅、紫色及白色的花朵，生長於美國岩石遍布的山坡上，或斑斕點綴著我們的花園。

　　耬斗菜（Columbine）的名字衍生自拉丁文的鴿子（columba）；學名 Aquilegia 由來於某些觀察員眼中的另一種鴿子——天鷹（aquila）的隱喻，而牠其實是老鷹的同類。另外它還有個古老的名稱——「獅子的草藥」，表示人們相信耬斗菜是「獅子最愛的植物」。

　　美國一個協會提倡將耬斗菜樹立為美國國花，如同玫瑰之於英國，百合之於法國；因為它的俗名隱含哥倫布（Columbus）與哥倫比亞（Columbia）的名諱。不僅如此，耬斗菜在植物學上的名稱，也讓人聯想到象徵自由的老鷹；美國家家戶戶的後院幾乎都能種植耬斗菜；甚至它也是美國多數州的原生植物。

Point

1. 能作為庭園植物，觀賞價值高。
2. 雖然全草皆有毒性、不可生食，但同時也有藥用價值。歐美的品種稱為西洋耬斗菜，日本的品種稱為日本耬斗菜。適合栽種於高冷地區。

029 山茱萸 *Cornel*

科別：山茱萸科　山茱萸屬
學名：Cornus

　　羅馬帝國的奠基者羅穆盧斯（Romulus）想像著羅馬將擁有數百年的輝煌，於是他開始為了鞏固防禦而大興土木、修築邊疆，且意圖將城牆往帕拉坦（Palatine）地區推進。

　　他從遠方投擲長矛，親眼看它插進帕拉坦的山丘。長矛的把手是茱萸木製成，它在拋落的土地上向下紮根；其枝枒四處橫生，茁壯成雄偉、繁盛的大樹；諭示著羅馬帝國的國力發展與領土擴張。

　　因此，山茱萸愈發獲得人民珍愛，以至於任何人發現有山茱萸陷入垂敗、枯萎的狀態，便宛如在炙熱乾燥的季節不時發生的情形般，大聲呼喊、警示人們趕緊提水來救花。

　　希臘人認為，第一株山茱萸（此處意指大果山茱萸，Cornus mascula）或西洋山茱萸（Cornelian cherry），是從被波利尼斯托（Polymnestor）殺死的波利佐羅斯（Polydorus）墓裡萌芽，而當埃涅阿斯試圖將其枝枒扯下主幹時，鮮血也跟著滴落。

Point

1. 具有中藥的藥用價值。
2. 台灣南投縣亦有種植。

030 矢車菊 *Cornflower*

科別：菊科　矢車菊屬
學名：Centaurea cyanus
別名：藍芙蓉、車輪花

　　矢車菊成為德國皇室欽點的國花後，在各地都備受喜愛。據說，普魯士的路易絲女王（Queen Louise）趕在拿破崙一世侵略前逃離柏林，並與她的孩子們躲在一處糧田。女王用矢車菊為孩子們編織花環，消磨乏善可陳的時光。其中一個孩子記住了這種藍色花卉，並在日後成了暴虐的威廉皇帝（Emperor William），於戰勝拿破崙三世後入侵法國，報復他們過往的入侵行動。

　　當時，威廉皇帝將矢車菊作為他徽章的標誌。人民百姓也將它當作追隨的象徵，因而矢車菊在他的國土漫開且繁花似錦。如同那在糧田中搖曳生姿的罌粟花，人們普遍認為矢車菊來自東方。

　　它還有其他的別名，像是：「藍瓶子」、「藍帽子」、「藍色遮耳帽」、「藍弓矢」、「藍花」、「雪片花」、「單身漢的鈕扣」、「鐮瓣花」等等。矢車菊的學名 Centaurea cyanus 中的 centaurea，是用以紀念半人馬（centaur）奇隆（Chiron）；祂曾被一支浸泡過百頭蛇血液的箭矢刺傷；然而，用矢車菊覆蓋傷口則讓祂從劇毒中康復。也因為這則傳說，才有了燃燒矢車菊會令蛇群逃之夭夭的傳言。

　　學名中的形容詞 cyanus 則是指，一名將芙蘿拉女神奉為至高無上信仰的希臘青年，畢生都為她的祭壇採集花卉。後來他在一處田野間逝世，身旁散落著未完成的花環。女神遂以青年之名為此花命名，也就是後世所稱的「Cyanus」。

> *Point*
>
> 名字中的「矢車」原意是日文的「風車」，形容其花瓣彷彿風車的箭羽般綻放。

植物神話與傳說

◆

031 棉樹 *Cotton*

科別：錦葵科　棉花屬
學名：Gossypium

很久很久以前，有位住在河畔的小仙女，傾盡歲月地紡紗，並且編織出世界上最漂亮且最細緻、任何你所能想到的織物。她紡紗車的運轉速度之快，連肉眼都跟不上繩輪的軌跡，彷彿與花兒糾纏不已的蒼蠅迅速震動的翅膀。於是，她的叔叔——熊蜂，便將自身的螫針送她作為紡錘，以圓滿他愛發牢騷，以至於沒有任何生物願與他往來的寂寞蜂生。

然而，沼澤還住著一名比抱怨成性的熊蜂更惡劣的居民；當小仙女發現惡鄰佔居一旁的樹叢時，便感到惴惴不安。那是一隻如飛鳥般巨碩的蜘蛛，身上有紅、藍、黃三種妖豔且奇醜無比的顏色。牠為自己善於紡織而自豪不已，但卻在瞧見小仙女編織的絲巾時，意識到自己驕傲的藝術品竟如此廉價、不值一提，因而滿腔妒火地決心除掉小仙女。

小仙女見蜘蛛前來追殺她，便抓起繩輪與紡錘拔腿就跑。她向老鼠尋求庇護，老鼠卻因恐懼而關上大門；她轉而懇求蟾蜍保護她，但蟾蜍也只伸了伸舌頭；最後，一隻螢火蟲挾著閃爍的發光器而來，牠看了看小仙女，又瞧了一眼蜘蛛，然後隨即要小仙女跟隨牠。

此刻萬籟俱寂，他們穿越原野，所經之處燃起點點螢光。他們奔逃到一株樹叢前，彼時，粉色的花朵盛開地正清麗。

「跳進去！」螢火蟲大喊。

小仙女將繩輪緊緊揣在懷裡、奮力一躍，縱身跳進眼前的一抹青綠，並落在花團錦簇的正中央。蜘蛛緊跟其後，可怕的爪子伸向較低處的花朵旁邊。正當牠想一舉捕獲小仙女時，小仙女也用紡錘攻擊蜘蛛的腿部，使他跟蹌跌跤。下一秒，花兒們緊密靠攏花瓣、將小仙女掩藏住，使蜘蛛不得其門而入。

蜘蛛將計就計，竟在花叢上編網，盤算著要在小仙女清晨嘗試逃跑時抓住她。當晨曦來臨時，小仙女並沒有出現。蜘蛛就這麼守望著，直到花兒都謝了，仍不見其蹤影，而後蜘蛛嚙咬自己的身體並魂歸西天。

其實，小仙女一直躲在花朵後方的白色小球裡，不斷編織美麗的作品；這些雪白的絲縷如流蘇般傾瀉而出。人們取之為自己編織衣服，並衷心祝賀小仙女逃出蜘蛛的魔爪。

植物神話與傳說

◆

78

Point

1. 世界三大棉花生產國，依序為中國、印度、美國；但最大棉花出口國為美國。
2. 台灣雖無大範圍栽種、生產棉花，但近年來，部分人士致力於栽培有機棉田。

032 番紅花 *Crocus*

科別：鳶尾科　番紅花屬
學名：Crocus
別名：藏紅花

番紅花是初春時最早盛開於大地的瑰寶。然而，我們僅折服於其艷紅璀璨，殊不知這朵小花曾因其他理由而受人珍視。

藏紅番紅花（saffron crocus）是秋天的品種，它花瓣中的柱頭為我們再熟悉不過；羅馬婦女們將其花液尊為染髮劑，教堂裡的神父因此視之為違禁品。亨利八世也禁止愛爾蘭人拿番紅花來將麻布染色；因愛爾蘭人有用番紅花染麻布的習慣。他們認為，染色後的布有別於白布，省去了洗滌的功夫，且感覺較為衛生。

直至近代，糕點因添加番紅花而格外繽紛。在為期六週的大齋節（Lenten）期間將番紅花入菜，能讓教徒心情歡愉，儘管使人歡愉的不是番紅花本身，而是當人們聯想到先人以番紅花裝飾宴會廳、餐桌及紅酒杯的杯緣，而宴會與紅酒又正好有助於人們提振精神之時。

在喀什米爾，番紅花始終被羅闍（rajah）[7] 壟斷。然而，在愛德華三世的時代，一名英國旅人喬裝成朝聖者，偷偷潛入喀什米爾；他賭上生命危險，偷走了一個番紅花球莖，藏在他中空的手杖內；待他回到位於瓦爾登（Walden）的家，便開始栽種番紅花。

意想不到的是，單單一個球莖卻收穫了滿園花繁葉盛，此後，當地便有了「番紅花瓦爾登」（Saffron Walden）之稱。此外，番紅花與其做成的染料在印度頗負盛名。傳說，當地的羅闍在戰爭中慷慨赴死時，會換上一襲番紅花染紅的長袍，召集哀怨的妻子們引火自焚。

春番紅花（spring crocus）由植物學家泰奧弗拉斯托斯（Theophrastus）命名。他選用希臘語中的絲線（kroke）一詞形容番紅花的柱頭。不過，他生活的年代還有個古老的傳說：相傳，天神宙斯和妻子希拉仰躺在伊達山（Mount Ida）的一處河畔，番紅花便從宙斯溫暖的身上冒出芽來。

此外，尚有另一則傳說描述，神祇墨丘利（Mercury）在玩套圈遊戲時，竟失手砸死了名叫克羅柯斯（Krokos）的孩子。而後，神祇將克羅柯斯浸入天堂的露水，將他變成了番紅花。

另外還有一則與番紅花有關的神話則是，美狄亞（Medea）就是用幾滴番紅花汁液調製的返老還童藥，來讓埃森（Aeson）重返青春。

植物神話與傳說 ◆

[7] 南亞、東南亞地區對貴族的稱呼。

Point

番紅花被譽為「世界上最貴的香料」。
由於種植條件嚴苛,且需摘採超過十萬
朵番紅花,才有 1 公斤雌蕊柱頭的產
量。幸好,番紅花雖貴,但在料理的
用量上卻相當親切,僅需少量番紅花香
料,就能大大提升菜餚風味。

033 毛茛 *Crowfoot*

科別：毛茛目　毛茛科
學名：Ranunculaceae

　　毛茛是來自古代伊利里亞地區（Illyria）令人愉悅的黃色花卉，為毛茛屬植物的一個品種。與許你會更喜愛它的舊名：「君主聖杯」、「金盃」、「黃金旋把」、「豹足」（leopard's foot）及「杜鵑花蕊」（cuckoo bud）。

　　它的植物學名稱 Ranunculi 由蛙屬（Rana）衍伸而來，透露出毛茛喜愛生長在蛙類繁多的地區。由於毛茛味道苦澀，牛隻對此敬謝不敏、避免食用。然而，古羅馬學者普林尼（Pliny）則聲稱毛茛擁有一個優勢：食用它的人將陷入無法自制的瘋狂大笑。事實上，除非飲用加入鳳梨丁與胡椒的棗釀，否則將以一種絲毫不文雅的姿態前往另一個世界。

　　先人曾用某種毛茛屬植物塗抹在箭鏃上，使其含有劇毒。不過，若將另一種稱作「雙毛茛」（double crowfoot）或「聖安東尼」（St. Anthony）的品種塗抹在瘟疫感染最嚴重的身體部位，則有助於將其治癒；甚至，當金牛座與天蠍座的軌道進入黃道帶且正逢月亮漸虧時，將毛茛用於頸部，有助於治療精神疾病。

034 皇冠貝母 *Crown Imperial*

科別：百合科　貝母屬
學名：Fritillaria imperialis
別名：花貝母

　　當壯盛雲集的貝母花映入眼簾，只見其金盃狀的花瓣神似皇冠，那威風凜凜的模樣可謂以帝王之姿，君臨花園裡的其他物種之上。

　　波斯帝國的王后莉莉貌美如花，但國王卻沒因此對她加倍寵愛，反而受嫉妒之心蒙蔽，在憤怒與疑心作祟之時，將莉莉逐出宮殿。

　　漫無目的遊走於荒野中的莉莉，涕零如雨地宣洩滿腹委屈。最終，悲傷使她的身體逐漸萎縮至植物般的大小。

　　天神看她可憐，讓她在暫歇之處紮根，並幻化成皇冠貝母；她就算幻化成花朵，也依然保持當王后時的尊嚴與威儀。

Point

台灣多進口國外的貝母花作為觀賞植物。

035 黃瓜 *Cucumber*

科別：葫蘆科　黃瓜屬
學名：Cucumis sativus
別名：胡瓜、青瓜、刺瓜

　　黃瓜形似男人的性器，象徵繁衍能力強盛。佛教傳說中，黃瓜位居薩迦（Sagara）妻子的六萬名後代之首；他的後代僅靠一己之力，便攀爬自己的藤蔓抵達天國。

　　黃瓜也深受猶太人與埃及人鍾愛；但在他們的默觀世界，英國人則怕死了這種植物；恐懼使其對黃瓜避之唯恐不及，且持續數個世紀。他們不敢大啖黃瓜，生怕被它「與生俱來的冷酷」逼入絕境。

　　但誠如俗諺所說：「如黃瓜般冷靜（cool as a cucumber）。」這種富含水分的水果，不過是被人過度邪化罷了。

Point

1. 黃瓜是營養成分豐富的消暑聖品，按中醫的觀點，黃瓜具有除熱、利尿、解毒的功用，為減肥聖品。
2. 因為富含維他命、含水量高的特性，不少人認為黃瓜有美膚之效，因此將黃瓜切片後，直接敷在臉部使用。
3. 常用於料理或醃漬，例如：小黃瓜切片後夾入三明治中食用，或搭配臭豆腐。日本也很流行在盛夏時來一根醃漬小黃瓜。

036 大理花 *Dahlia*

科別：菊科　大理花屬
學名：Dahlia
別名：大麗花、大理菊

　　法國王后約瑟芬（Josephine）出生於西印度群島中的馬丁尼克島
（Martinique），儘管與大理花發源地的墨西哥比鄰而居，她卻是在抵達
法國後，才認識這種花卉。

　　瑞典植物學家達爾（Dahl）在大理花的培育與品種改良上下足了工
夫，因此，大理花的命名也是基於他的貢獻。

　　說回約瑟芬。她在法國的馬爾梅森（Malmaison）親自種下大理花，
並表明這是她此生最鍾愛的花朵。她廣邀王子與眾臣前來馬爾梅森欣賞
她栽種的傑作，但禁止任何人帶走任何一朵花、種子或球莖。

　　倘若王后開放人們摘採大理花，也許就不會引發那位不愛花的波蘭
王子對大理花的興趣，更別說用一枚金路易錢幣（louis apiece）向園丁
行賄，令其偷 100 朵大理花給他。

Point

原產地為拉丁美洲，主要作為觀賞用。

037 雛菊 *Daisy*

詩人伯恩斯（Burns）在作品中詠嘆之「嬌小的深紅色尖瓣野花[8]……」，即英國人熟知的雛菊；美國人則視之為盆栽或庭院植栽。他們眼中的雛菊是更惹人憐愛的植物，縱使這些白色雜草深受農民憎惡，但卻為六月的田園增添幾分俏麗。無論大小、形狀或葉子，雛菊都神似菊花，而它將美國各地妝點得美麗無比，使人們在選擇國花時，為它提供了強而有力的論點。

法國人與德國人喚它為小雛菊（marguerite），發音類似人名的瑪格麗特，意思是珍珠，用以形容雛菊柔美的白色花瓣。此外，更是為了向六名聖瑪格麗特（Saints Margaret）的其中一人獻上敬意。

她是異端神父的女兒，但卻不願放棄基督徒的身分，父親憤而將她逐出位於安塔基亞（Antioch）的家。而後，奉身於宗教的女孩成為了「龍的聖瑪格麗特」（St. Margaret of the Dragon），代表花卉的小雛菊也得名於她的名諱，因她沉思與祈禱之時，總將面容朝向天國。

多位名為瑪格麗特的歷史人物也以小雛菊為標誌花卉。例如：安茹（Anjou）地區[9]的瑪格麗特曾命令僕從，將雛菊花樣繡在斗篷與長袍上；亨利二世之母，瑪格麗特王后身上配戴著三朵雛菊；法蘭索瓦一世（Francis I）的姊姊瑪格麗特也以雛菊妝點自身。

此外，人們之所以稱它為來自安塔基亞的「溫婉少女瑪格麗特」（maid Marguerite, meek and mild）之花，則因這名少女會為即將成為人母的婦女祝禱，讓分娩的婦女得以順產，因而人們以愛供奉她。

最後，還有一個與雛菊之名相關的故事。當墜入愛河的少女想確認愛慕者的心意時，便會透過雛菊來解讀這段感情的命運。每摘下一片花瓣，便代表「他愛我」，再落下另一片花瓣，則代表「他不愛我」；如此複誦雛菊的公式，直到最後一朵花瓣給出答案——但也可能與年輕愛慕者的答覆不同。

植物神話與傳說

◆

---

[8] 引自伯恩斯（Burns）的詩作《致山中雛菊》。某些雛菊品種只有頂端尖瓣為紅色，花瓣其餘部分為白色；亦有花瓣粉色、紅色等不同顏色的品種。
[9] 法國舊制度的行省，現今曼恩羅亞爾省。

038 蒲公英 *Dandelion*

科別：菊科　蒲公英屬
學名：Taraxacum
別名：尿床草

　　一則阿爾岡昆（Algonquin）的傳說，講述南風如何深愛狀似豔陽的蒲公英。南風（Shawondasee）意即來自南境的風，他是如此沉重、疲困又懶惰，最愛躺在橡樹與木蘭花（magnolias）的涼蔭下吸入滿腔芬芳，以至於當他呼氣時，你便能感受到同一股芳香。

　　某日，南風睜著惺忪的雙眸凝視他的田野，看見遠方佇立著一名身形曼妙的黃髮女孩。他墜入了愛河，但由於自己的沉重，他無法移動，只能幻想將她喚到身邊。

　　翌日早晨，他再度眺望遠處，女孩仍站在那兒，比昨日更添幾分美麗。此後，他每天都如此張望，每每看見溫煦草原上的粉色倩影，總令他雙眼發光。然而某天清晨，他揉了揉雙眼，卻不可置信地重複確認眼前的景象：日落時分，一位女士站在他傾愛的女孩經常佇立之處。

　　天呐，她簡直脫胎換骨！青春已然消亡，曾有的燦爛不見蹤影，她再也不是榮耀四射的皇冠，僅是個褪去鮮麗色彩的生物。「唉！」南風感嘆，「我的北風好兄弟啊，你總在夜幕低垂時來訪。他終究還是將魔爪伸向她的頭頂，用冰霜將她染上一層灰白。」

　　南風高聲長嘆，聲音傳到了女孩待過的地方。瞧瞧！她的白髮自頭頂掉落，吁下最後一口氣，她離開了。直到其他與她相仿的女孩來到，大地才重獲生機；不過，當春天來臨，南風總為與他初次相遇的那名黃髮少女喟嘆不已。

　　蒲公英（dandelion）是法文中「獅子牙齒」（dent de lion）的誤寫，命名的源由從來不是因為蒲公英的葉子長得像獅子或其他動物的牙齒，而是因為獅子曾經象徵太陽，蒲公英則蘊含太陽光輝之意，因此才拿蒲公英和獅子做聯想，而這遠比蒲公英葉子與牙齒之間的關聯更加合理。

039 茄子 *Eggplant*

科別：茄科　茄屬
學名：Solanum melongena

如同阿拉伯女性用指甲花的汁液染紅手掌與腳底，日本女性則拿茄子將皓齒塗黑；但兩者的目的卻截然不同。人們視指甲花的染漬為美麗的標誌，墨黑的牙齒則無異於毀容。

相傳塗黑牙齒的習俗，源自一名俏麗的女性，希望藉此抑制丈夫成天沒來由的醋意。取得染劑的方式是，將茄子皮浸入用炙鐵煮沸的熱水中，然後將染劑塗抹在牙齒上，再用刷具將牙齒刷到如金屬般閃亮。直到日本皇后以一口潔白皓齒公開亮相後，東京社交圈才紛紛將她當成榜樣效仿。只不過，在平民百姓的世界中，使用茄子染劑的傳統仍持續了好一段時日。

在各式各樣的茄子中，有個人稱「索多瑪蘋果」（apple of Sodom）或「死海之果」（Dead Sea fruit）的品種，時常受到昆蟲啃食，而被啃咬後的茄子則會枯萎、萎縮，果實內部轉化成發苦的粉末。

然而，出於相同理由，「死海之果」也常拿來形容五倍子❿。況且，茄子的英文名之所以叫 eggplant（蛋形植物），便是因此形狀而得名，並非因為味道。古人（特別是知識份子）還深信，茄子是一種毒果，因而有了「憤怒蘋果」（raging apple）與「瘋人蘋果」（mad apple）的別稱。

> **Point**
>
> 1. 世界各地都有茄子的蹤跡，其中以亞洲地區最盛產。
> 2. 茄子富含維生素、礦物質與碳水化合物。另外，由於茄子皮也含有對人體有益的營養素，因此通常連皮一起食用。
> 3. 茄子歸類於水果，而非蔬菜。另外，根據研究統計，茄子常年上榜「國人最討厭的食物排行榜」。

植物神話與傳說

◆

❿ 蚜蟲科昆蟲寄生於鹽膚木時，會刺傷嫩葉或葉柄形成蟲癭，烘焙乾燥後即為五倍子，可作為中藥。

　　接骨木通常藏匿在沼澤遍布的小島與邊界，並在其影子下隱藏未知的事物；人們認為它擁有超自然的力量：精靈寄宿在它身上，凡傷害它者皆無法全身而退。

　　它的名字與北方神話中的良家婦女、同時也是精靈之母的胡爾達（Hulda，或稱 Hilda 希爾達）相關。丹麥傳說中，胡爾達棲息在接骨木的樹根，而這株植物順理成章地成為她的象徵；維納斯堡（Venusberg）會用它來祭祀精靈之母。

　　若拿這種被視為禁忌的木頭蓋房子，住進這棟房子的主人必會驚恐地抱怨：「有隻詭異的手拉了我的腳！」人們相信，矮人族只會生長在人類血液噴濺過的地方，而接骨木的威爾森語（Welsh）名字就意為「人血植物」（plant-of-the-blood-of-men）。

　　然而，接骨木也有它的善意。你可以在 1 月 6 日當晚砍下它的樹枝，但你得先徵詢它的同意。若它沒有回應，就朝它吐三次口水。樹枝可幫助你在凄涼的原野上畫出一個魔法陣；站在中心，使用在聖約翰日當晚採集到的花卉與莓果將自己團團包圍，如此便準備完成！

　　此時，你可以向四周的魔鬼索討珍貴的蕨類種子，神奇的種子會賜與你 30 名壯漢的力量。縱使魔鬼能在這天晚上來去自如，但仍會被善良的胡爾達精靈的咒語束縛住；當接骨木的樹枝指向他時，他必然服從。最後，一位霧影籠罩的神秘人會為你送來包裹著蕨類種子的聖杯布巾。

　　附帶一提，接骨木能治牙痛，有助於房屋抵禦外來攻擊，並免於蛇、蚊蟲和疣的侵害，且能安定心神、治療昏厥，同時也可用於消毒金屬器皿，驅除家具上的蚊蟲，且種植它的人會在自己家中羽化升天。

　　若將接骨木做成的十字架插在墳前〔如同提洛爾（Tyrol）的農夫，他們會向接骨木脫帽致意〕，當花朵綻放、枝葉繁盛之時，即為對往生者的祝福；反之，若沒有開花，死者親友便能對死者生前的行為各自表述。

Point

1. 接骨木之所以稱為「接骨」木，有一說是因為，在早期的中國，接骨木常被用於治療跌打損傷或骨折，《本草新編》也記載著：「接骨木，入骨節，專續筋接骨。」
2. 知名小說《哈利波特》中的角色，也是選用西洋接骨木製作魔杖。

041 刺芹 *Eryngo*

科別：繖形科　刺芹屬
學名：Eryngium
別名：假芫荽、節節花、野香草（廣東）、假香荽（廣西）、緬芫荽、大香菜（雲南）、刺芫荽

　　不幸的女子莎芙（Sappho）愛上了一位英俊、體格強健的船夫，為擄取他的喜愛，她隨身攜帶嫩綠的刺芹枝；這是因為當時人們相信，將刺芹藏在身上，然後把注意力集中在喜愛的對象身上，效果就如同拿塊鐵箍將他緊勒在身邊。

　　然而，船夫缺乏品味，因而當莎芙為他朗誦詩歌時，他卻漠然以對。莎芙無法忍受船夫的冷落，於是丟棄了刺芹，在懸崖邊為自己哼唱起輓歌，而後縱身一跳，結束單戀的痛苦。

　　過去，人們將刺芹當成補品與甜食。比如培根勳爵（Lord Bacon）便主張，把刺芹根、龍涎香、蛋黃與馬爾默西（malmsey）葡萄酒一同食用；除了有滋陰補陽的功效，還能強健虛乏的背部。

　　普魯塔克（Plutarch）則宣稱，若一頭母山羊張口大啖刺芹，不僅其會在原地不動，還會影響整個羊群，導致羊隻們如雕像般遠望發呆。直到牧羊人發現一切的罪魁禍首後便剗除滿地刺芹，羊隻才恢復原狀。

Point

1. 台灣常稱的刺芹，也名為刺芫荽或越南香菜、泰國香菜等等。
2. 因香味獨特（據說類似香菜）而被當成香料入菜。泰式料理的冬陰湯絕對少不了刺芹。

042 羊齒 *Fern*

科別：蕨類植物門
學名：Pteridophyta

羊齒商業價值不高，雖然其中一種紐西蘭羊齒可以食用，不僅香氣可保護蕨類本身，且芬芳可比報春花與覆盆子，西伯利亞的雅庫特人（Yakoots）會將之煮沸後取代茶品飲用。

羊齒中尚有一名為「歐綿馬」（aspidium filix mas）的品種，少數人稱之為「幸運之手」（lucky-hands），得名於那未伸展完全的複葉與手形相像，且葉子與根部可拿來破解巫師或女巫的魔咒。

相傳，用羊齒灰燼燒煉而成的玻璃具有神奇的魔力，據說成吉思汗配戴的戒指就有羊齒灰的成分，只要戴上它，就能理解植物的功用及鳥類的宛轉啁啾。

然而，羊齒種子尤其珍貴，因它一生只開一次花，甚至僅在夜深人靜時綻放其艷麗。若聖約翰之夜你在外遊蕩，並且仔細觀察，就有可能看到羊齒綻開深紅色的花朵。錯過就可惜了，畢竟他們會在黎明破曉時凋零、盡歸塵土。

也因此有以下一說：見到羊齒花會獲得好運。俄羅斯農民整晚都在綠意盎然的幽谷中遊走。即使沒能找到花，或許、也許、大概能在黑夜裡發現溶金般閃耀的羊齒種子。羊齒種子是整株植物最貴重的部位，因若將它灑落在地並同時許願，希望這塊土地顯現其珍寶；地面上就會閃爍紺青色光芒的寶藏，彷彿整塊土地就是一片玻璃。

不過，這種種子只能在聖誕節的午夜 12 點之前採集。要如何採集呢？記得保持機靈，因為魔鬼就守在羊齒旁。你得在午夜 12 點前，站在近期曾運送過屍體且空無一人的路上，然後，便依稀可見那兒聚集著怪誕奇異的事物。

這些詭異生物時而搗住你的雙眼，時而摘掉你的帽子，甚至躲在樹叢中製造怪異的聲音，或在你耳邊竊竊私語，往你腦海灌輸荒誕的想法，意圖使你說話或發笑。你必須克制住自己想發聲的慾望，否則將被變成石頭或碎屍萬段。

當你找到羊齒時，記得在地上鋪上聖餐布，以免採集到的種子被魔鬼奪走。接著，在晨曦來臨前採集好那些掉落的種子。

植物神話與傳說
◆

所謂的羊齒，並非單一種類的植物，而是蕨類植物門中，以維管束植物成立的植物系群。他們的特徵是不開花而藉由孢子繁殖，主要分布於熱帶、亞熱帶地區。台灣的羊齒植物以腎蕨出名；可食用的蕨菜俗稱「過貓」。

043 無花果 *Fig*

科別：桑科　榕屬
學名：Ficus carica

　　無花果樹最初的用途，是為初始人類亞當與夏娃遮蔽重要部位，因此《聖經》稱它為「遮羞布」（breeches）。一派學者認為，伊甸園中的知識之樹是無花果樹，而非蘋果樹。當聖母瑪利亞為襁褓中的耶穌尋求庇護所，好躲避希律王（Herod）派來的追兵時，便是無花果樹張開枝幹，保護母子二人。

　　在東方神話中，無花果樹與神祇也有關聯。釋迦摩尼在人稱菩提樹或榕樹的無花果屬植物（數十公尺高的聖樹）下夢見佛教興盛，最終也是坐在菩提樹下悟道成佛。

　　此外，印度教的毘濕奴（Vishnu）出生於聖堂裡的菩提樹蔭下。這些菩提樹宏偉巨大且樹齡甚高；根據吉卜林（Kipling）的描述，印度錫蘭的聖菩提樹是從佛陀樹上的一棵幼穗長成，是「全世界最高齡，也最為人崇敬的偶像」。

　　再說，印度蘇拉特（Surat）附近的榕樹已有三千多年歷史，且從未被任何金屬、斧頭砍過，以免觸怒樹神；帕特納（Patna）則有棵高280多公尺的榕樹，由60多條橫生的枝幹向下紮根，以支撐這棵巨木；尚有另一棵碩大的無花果樹，位於印尼爪哇省的查巴巴里廢墟（Padjajarian），朝聖者們紛紛造訪這位「植物巨人」，因為他們相信，死者的靈魂暫居在樹枝裡。

　　在經典的希臘神話中，雷亞（Rhea）將巨人利瑟斯（Lyceus）變成了無花果樹。另一個版本的故事中，則敘說葡萄酒之神巴克斯（Bacchus）創造了無花果樹。此外，神話中孕育羅穆盧斯與瑞摩斯（Romulus and Remus）的搖籃在河裡漂流，正巧被羅馬一處無花果樹的枝枒勾住，此處便成了兄弟倆的成長之地。

　　來到帝制時期，每當巴克斯（Bacchic）祭典時，婦女們便會將象徵多產的無花果配戴於領口並載歌載舞，男人們則攜帶無花果木雕刻成的生殖之神普里阿普斯（Priapus）雕像參加假日遊行。

044 樅樹 *Fir*

　　樅樹自從被人們拿來建造耶路撒冷的神殿（Temple at Jerusalem）後，就成了聖樹。古典神話中，阿提斯（Atys）身為地母神希栢利（Cybele）的祭司，卻違反道德；天神宙斯為了懲罰阿提斯，將他變成一棵樅樹，好安撫希栢利的怒火。

　　在哈茨（Hartz）地區，女孩們會在宗教慶典時用燈飾、花卉、雞蛋及一些廉價裝飾品妝點樅樹，並圍著樹載歌載舞，以防躲在樹枝間隙的小魔鬼逃跑。此時小魔鬼會獻出身上所有東西，否則便無法脫身。據說這就是聖誕樹的起源，而故事中的小魔鬼則轉變成形象和藹可親的聖尼古拉（St. Nicholas）、聖誕老人（Santa Claus）或惡魔老尼克（Old Nick）。

　　格林兄弟及其他民間故事說書人相信，他就是奧丁（Odin）本人。基督教也有如下類似儀式：在平安夜點亮聖誕樹前，得先確保這棵樹是樅樹，而非松樹、雲杉或鐵杉，畢竟我們會拿各種長青植物歡慶佳節。點燈後，若有勇氣一瞧牆上的倒影，便能解讀自己的命運：若你的倒影沒有頭，此年將是你的死亡大限。

　　據說，折斷一根樅樹枝放在床尾，能讓你遠離惡夢侵擾；尚未燃燒的樅樹枝有避雷的功用；在糧倉上懸掛樅樹枝，可用以驅趕前來竊取糧食的魔鬼。

　　在一座鄰近哈茨山丘、人稱哈濱荃施坦（Hubinchenstein）的山區，流傳著特別的聖誕節慶祝活動：人們會蒐集樅樹的毬果，將之鍍銀後當作裝飾品。

　　想知道為什麼嗎？相傳很久以前，一位礦工生病了，他的妻孩頓時陷入糧食、柴薪短缺的困境。於是，妻子爬上哈濱荃施坦山，想採點毬果拿去賣錢，好維持生計。她在森林裡遇到一位笑臉盈盈、留著白鬍子的矮小老人，站在陰影處指著一顆樅樹說：那兒能採到最棒的毬果。妻子謝過老人家後，令她訝異的事情發生了。當她抵達樅樹下，那兒掉了滿地的毬果，且這些毬果有別於一般，重到她差點搬不回家；但在她把毬果倒在餐桌上時，立刻知曉了原因：這些全都是銀製的毬果！

台灣特有種台灣冷杉（Abies kawakamii），是冷杉
屬下的一種針葉植物，又稱為白松柏，生長於台灣
本島中、北部海拔 2400 公尺以上的高山。可見於
玉山國家公園、雪霸國家公園及太魯閣國家公園。

045 亞麻 *Flax*

科別：亞麻科　亞麻屬
學名：Linum usitatissimum

　　大地女神希爾妲（Hilda）曾教導凡人編織亞麻的技術。她一年下凡兩次，每次都現身於提洛（Tyrol）的翁特拉森（Unterlassen）附近山洞，而後四處逡巡，查看人民是否有因她的教導獲益。

　　當亞麻綻放藍色的花朵時，她會回應夏季的呼喚，首要之務是前去關心人們是否種植亞麻，是否足夠豐碩？冬季來臨時，她會確認婦女們紡紗杆上的亞麻是否充足，或家中是否備有當季完成的亞麻織品；若有，則暗示她們勤奮工作；反之，若她遍尋不著人們勞動的成果，則代表這戶人家過著節儉、懶惰或生活習慣欠佳的生活。作為懲罰，大地女神會讓下一年度的農作物歉收。

　　由於希爾妲是豐裕的女神，因此歐洲部分居民會將亞麻視為生命的一種形式。例如在德國，人們會將生長遲緩的嬰兒光溜溜地放在草地上，並在嬰兒周圍撒下亞麻種子。人們相信，落下的亞麻種子會在草地上生根發芽，而嬰兒的人生也會隨之豐饒。因此，當亞麻發芽時，嬰兒勢必開始成長茁壯。

Point

1. 亞麻全球各地皆有栽培，可製成品質優良的亞麻籽油，亦為紡織原料。亞麻纖維具有纖細、強韌、吸濕性強、散熱快等特徵，近年來台灣也不少亞麻、棉麻布料的忠實愛用者。
2. 亞麻籽富含膳食纖維與抗氧化劑，有助於解除便秘困擾或幫助減重。

046 勿忘我 Forget-me-not

科別：紫草科　勿忘草屬
學名：Myosotis

花卉名字與自身傳說互有關聯的情況並不常見，「勿忘我」這三個字卻清楚表達了它的來由：一名青年與他親愛的甜心漫步在多瑙河畔，他注意到盛開於溪流中間小島的某種花卉深得良人喜愛，那湛藍色的花瓣如同她皎潔的雙眸。

他脫掉鞋子，褪去外衣，摘下帽子，莞爾一笑親吻女孩的手後，顧不得夜風凜冽、澗闊飛湍、溪石礐确，也無視於女孩的勸阻，便跳入溪中，想採擷美麗的花朵送給愛人。

幸好他安全渡溪，摘了幾朵花後原路折返；不料，即將游回岸邊時竟扭傷了腳，以至於他無力抵抗嘶聲咆哮的湍急溪流。他意識到自己沒救了，於是望向面容慘白的愛人，奮力將花束拋到她腳邊，嘶吼道：「勿忘我！」而後沒入水中消失不見。女孩從未忘記他，直到過世前，髮間都別著勿忘我之花。

另一個古老的傳說中，亞當（有一說是上帝）為伊甸園中所有植物命名時，唯獨遺漏了這株袖珍植物。後來，他穿越樹林與花園，逐一呼喚這些植物的名字，確認它們是否都接受自己的名字，而植物們也傾首鞠躬，低語表示贊同。

然而，一道幾乎差點被他忽視的細語聲詢問他：「亞當，請問我叫什麼名字呢？」亞當低頭定睛細瞧，發現一朵羞赧的小花在陰暗處偷偷望著他。由於對其花兒的美麗與命名遭到遺忘印象深刻，他便回答說：「我先前忘了為你命名，就讓我用另一個方法永遠記住你吧。你就叫『勿忘我』。」

波斯人則講述了另一則故事。清晨時分，一名天使坐在光之門旁哭泣，他因為愛上凡間的女孩而喪失在天堂的地位。最初，天使在河畔為一名以勿忘我妝點頭髮的女孩動心，而作為愛上凡人的懲罰，他再也無法進入天堂；除非女孩為他在世界各地種滿勿忘我花。

這簡直天方夜譚啊！然而，女孩卻為愛承擔了責任。多年過去了，無論天氣好壞，他們攜手漫遊世界各地，種下朵朵繽紛，直到完成任務，才又重回那扇天堂之門前。最後，天堂接納了兩人。

047 龍膽 *Gentian*

科別：龍膽科　龍膽屬
學名：Gentiana

　　在美國，惹人憐愛的龍膽花有兩種相似的品種，其一的特點是，花瓣邊緣有一圈緣飾，是美國詩人布萊恩特（Bryant）寫詩的靈感所在；另一種奇特的龍膽品種，花蕾像是尖銳的凸起物緊緊閉合，且呈現艷麗的藍色。

　　古老的醫師認為，龍膽是一種「仙丹妙藥」，有助於排毒、除卻疲勞，治療瘟疫、消化不良、被狗咬傷、肝硬化等疾病。伊利里亞王國[11] 的艮提歐斯（Gentius）國王發現了龍膽在醫學上的妙用，便以國王之名命名。

　　匈牙利文當中，這種植物意味著「聖拉斯洛國王的草本」（Sanctus Ladislas Eegis Herba），以紀念聖拉斯洛國王。他在位時期深受瘟疫所困，並於束手無策之際，提起弓箭走向原野，祈禱天神能將他隨意射出的弓箭引至益於治療瘟疫的植物之上。而後他拉弓射箭，不偏不倚射中了龍膽根，他立刻採下它，神奇地解決了瘟疫的困擾！

> **Point**
>
> 龍膽的根可作為中藥使用，主要功效為瀉肝火、退虛熱。

[11] 位於今日的巴爾幹半島西部

048 天竺葵 *Geranium*

科別：牻牛兒苗科　老鸛草屬
學名：Geranium

　　天竺葵種類繁多，花貌各有千秋，從精心栽培於花園中的品種至蜷縮在路邊陰影下的 crane's bill 都有，而過去則普遍被當作圍籬植物的一種。在亞洲地區，天竺葵的絢麗是相當了不起之事，堪比一棵雄偉的大樹。

　　天堂的神祇為紀念先知的美德而創造了天竺葵。相傳有一天，穆罕默德在溪邊洗完衣服，將其晾曬在粉紫色的錦葵上。雖說水分蒸發只需片刻，但也就在這頃刻間，神奇的事發生了！錦葵不再是錦葵，其高度抽高了幾吋，鮮紅色的花朵點綴其中，強烈的芳香四溢，它已然變成天竺葵。全世界第一朵天竺葵就此誕生。

　　英國人與美國人最熟悉的天竺葵品種為漢荭魚腥草，又稱羅伯特草本（Herb Robert），但其命名由來眾說紛紜。其中一派堅稱，此一名稱是為了紀念劫富濟貧、行俠仗義的強盜羅賓漢（Robin Hood）；但又有部分人士認為，漢荭魚腥草與溫良的英國人聖羅伯特（Saint Robert）有關，他是宗教熙篤會（Cistercian）的創辦人，4 月 29 日出生，正是天竺葵盛開於徐徐和風中的季節；況且，他還利用這種植物治療令人生畏的瘟疫。不過呢，蘇格蘭植物學家麥克米倫（Dr. Macmillan）則為天竺葵名稱的由來，提供了更加言簡意賅的解釋：拉丁文的紅色（rubor）之意。

Point

1. 人們時常將老鸛草與天竺葵屬搞混，雖然兩者同為牻牛兒苗科下的一個屬，但實為兩種相似卻不同的植物。
2. 特定幾種天竺葵可萃取為精油使用，具有抗憂鬱、驅蟲、止痛等等功效，對於紓緩緊張與皮膚再生有良好助益。

049 人參 *Ginseng*

科別：五加科　人參屬
學名：Panax

　　中國人對人參的需求量很大，美國佛蒙特至喬治亞州的丘陵等鄉村地區採集的人參，多輸往美國國外。中國人會將這種乾燥的植物根當成護身符，而「人參」就意味著這是「人類的植物」。

　　由於人參的生長受岩石地形影響，其根體會為了避開岩石而彎曲，並鑽入縫隙，向地面深處成長。從外觀來看，人參形似曼德拉草（mandrake），且由於它們都長得「人模人樣」，因此在「以形補形」盛行的東方，這種植物的存在意義就是拿來補身體；人們不僅拿人參來預防疾病及緩和症狀，甚至還有趨吉避凶的用途。

　　人參對遺傳性疾病及先天不良頗有助益，更能增強記憶力與定神養心，讓人一夜好眠。相傳，可在韃靼人隨意放箭之處採獲人參，但這個傳說今已不復存在。

　　再說回來，美國每年出口[12] 人參的利潤總計五萬美元，但農民的勞動收入卻與他們在田裡勤奮工作的時間不成正比；他們翻越崇山峻嶺，千辛萬苦但才換來一美元的收入。

Point

1. 「人參」原意為「長得像人的根」。營養成分相當高，且能滋陰補陽、增強體力，因此被製成各種保健食品，或與各種湯品一起燉煮。
2. 刺五加、當歸、太子蔘等都常被誤以為是一種人參，但實為他種植物。
3. 由於人參栽植不易，常生長於環境險惡的山區，因此價格不斐。韓國栽培的人參為高麗參，美國則栽種花旗參。

植物神話與傳說

◆

　　[12] 原書作者書寫的年代約為西元 1911 年。

050 山楂 *Hawthorn*

科別：薔薇科　山楂屬
學名：Crataegus

　　傳說耶穌基督被釘上十字架之前，曾遭到敵人追捕。他逃到一處森林休息時，喜鵲用山楂樹藏匿他，待追兵離去，被譽為「上帝之禽」（fowls of God）的燕子便立刻移開山楂。山楂也因此變得神聖。

　　我們能從與基督教相關的傳說篇章中讀到亞利馬太的約瑟（Joseph of Arimathea）種植格拉斯頓伯里（Glastonbury）白山楂的過程。神奇的是，無論天氣如何，它都會在平安夜那天開花，而這不免讓人聯想到它的神聖性。

　　此外，查理曼大帝（Charlemagne）的生平也留下了相似的事蹟：當他跪在山楂製成的冠冕前，乾枯了幾世紀的枯枝竟奇蹟般地綻放，此時，空氣中瀰漫美妙的芬芳。

　　在聖巴托羅繆大屠殺（St. Bartholomew's Day massacre）期間，數以萬計喀爾文主義教徒遭到處死。當中，過度屠殺的行刑者對殺戮感到厭煩，欣然放走了殘存的倖存者。

　　但祭司們鄙視人們頹靡的信仰精神，因而聲稱天堂相當歡迎排除異端的人們，甚至還說：「嬰兒墓園」（Holy Innocents）的山楂樹會開花，就是「喝了異教徒的血，獲得力量的證明。」因此人們聚集到墓地去，只見那兒的山楂（或稱神聖的荊棘）確實繁花似錦，以致這些相信自己達成天堂旨意的人們紛紛跪下敬拜。

　　另外，理查德三世（Richard III）的皇冠被藏匿於博斯沃（Bosworth）原野的山楂樹中，直到這名肢體不方便的國王去世後，他的皇冠才被重新找到；列治文（Richmond）將它戴在頭上，此後還將山楂皇冠當成自己的標誌。

051 榛木 *Hazel*

科別：樺木科　榛屬
學名：Corylus

羅馬神話中，榛木是信使默丘利（Mercury）的法杖，凡觸碰它的人皆會產生對親人、國家與眾神的愛。時至今日，它是你我熟知的商神杖（divining rod）**⑬**，由於它是從分岔的樹枝剪切下來，故外型就像英文字母的 Y。雙手各握手杖左右兩端的手柄，讓末端指向地面，它會替你指引出掩藏在地底下的泉源或金銀。

據說，植物學家林奈（Linnaeus）壓根兒不相信這個傳說，他將裝有一百枚杜卡特（ducat）錢幣**⑭**的錢袋藏在毛茛叢下，邀請人們使用榛木杖找出錢幣所在——要是能找到的話。而後，一群人聞風而來，搗毀、肆意破壞毛茛與其他植物，連錢幣的主人也說不清哪兒是它的藏身之處。

之後來了一個男人，他手攜榛木杖，對於人們給予的猜測與建議充耳不聞，卻憑著榛木杖的指引，確切找出了錢幣的位置，並安然將之取出。林奈說，要是再進行一次相同的實驗，他興許就會相信榛木的神奇魔力；只不過，據說他再也沒冒著財損的風險做實驗了。

還有一個故事是說，傳說亞當被逐出伊甸園時，上帝憐憫他，特別允許他使用榛木杖敲擊水面，以創造新生命。亞當藉此創造了一隻綿羊；當然，沒經驗的夏娃也想試試看，結果世界上便多了撲向羊群的野狼；亞當見狀，又敲了敲榛木杖，召喚了能夠制服野狼的獵犬。

相傳英國格拉斯頓柏立（Glastonbury）的第一間基督教教堂便是木條編造成的榛木樹屋。使徒聖派翠克（St. Patrick）則用榛木杖將愛爾蘭蛇驅趕入海。

朝聖者的手杖也是榛木製，若前往耶路撒冷朝聖途中因病或疲憊而亡，榛木手杖也會與他們一同下葬。魔術師拿它來召喚惡魔；希臘神話的瑟西（Circe）女神則手持榛木杖，將幾名情人變成了豬。

> **Point**
> 1. 台灣的榛樹多栽植於南投埔里的高山地帶。
> 2. 榛木的果實是一種堅果，其榛子富含油脂，為人體營養素來源之一。

植物神話與傳說

◆

---

⑬ 默丘利從不離手的法杖又稱商神杖、雙蛇杖。
⑭ 歐洲中世紀至 20 世紀流通的貨幣，由銀或金鑄造而成。

052 嚏根草（鐵筷子屬） *Hellebore*

科別：毛茛科　鐵筷子屬
學名：Helleborus
別名：鐵筷子

　　嚏根草（可參見早期聖誕玫瑰的傳說）因其根部黝黑，常被稱為「黑根」。在過去人們以植物為藥的時代，會將嚏根草作為瀉藥使用。它還能驅逐人體內的邪靈，但前提是要先為房子薰香，再搭配適當的驅魔儀式與吟唱詩歌。

　　此外，挖掘者在徵求太陽神阿波羅與其子阿斯克勒庇俄斯（Asklepias）的同意後，用長劍在嚏根草周圍畫一圈，然後將之從中拔出，然後這朵嚏根草就能為家畜祈福。另有一說，用嚏根草塗抹過的箭鏃打獵，獵取的動物肉質會格外鮮嫩。

　　據說，這種植物還能治療精神疾病。以嚏根草治療相關疾病最早的其中一則案例為：曾有深陷憂鬱的患者，被送往盛產嚏根草的安堤庫拉（Anticyra）治療。

053 漢麻 *Hemp*

科別：大麻科　大麻屬
學名：Cannabis sativa
別名：火麻、枲麻、苴麻等

英文「勒緊麻草」（to stretch hemp）背後的意思為「絞殺」，因此，這隱含死亡寓意的植物也多少被視為一種惡兆；但實際上，麻繩為生活帶來的益處遠大於勒斃犯人。

漢麻有其善意，尤其對於被帶到聖壇前預見未來丈夫的少女而言，有助於她們制定明智的計畫，並培養自身的魅力。

單身女子會於夜晚時分繞著教堂周圍、邊跑邊沿路撒下漢麻種子，同時複誦：「我播撒了麻的種子，麻的種子由我播撒；最愛我的人呐，隨我身後收割沿途蓊鬱。」然後，少女回過頭時，即體會到「愉悅的恐懼感」，因為一道朦朧的男性幻影會挾著鐮刀跟在她身後，收割沿著少女足跡萌芽成長的虛幻麻草。

又有一說，義大利西西里人將麻線當作釣情人的線，因為這麼做，彷彿隱喻將兩顆心緊緊綁在一起。自麻草中萃取出的麻藥，則屬於它的惡意，過度吸食麻藥的人，腦中會浮現光怪陸離的幻覺。阿拉伯人相信，在麻藥作用下，人們可以遠距離聽取他人交談的內容，或閱讀他人心中的想法。

Point

> 1. 俗稱大麻或單名「麻」，但與列管為毒品的大麻（marijuana）為不同品種的植物，漢麻的 THC（一種大麻素，讓大麻被認為是毒品的主要成分）含量小於 0.3%。但無論是大麻或漢麻，目前相關產品（如 CBD 產品，含另一種大麻素，是新穎的保健食品，不像 THC 會讓人上癮）目前在台灣都尚未合法。
> 2. 工業漢麻可用於紡織，或用於其他工業用途，例如紙張、燃料。

054 長生草 *House-leek*

科別：景天科　長生草屬
學名：Sempervivum

　　長生草的英文為「屋韭」（house-leek），但它跟韭菜毫無關聯。長生草不僅易於在屋內生長，也常見於古代的花園與牆圍。命名由來可能與一則查理曼大帝（Charlemagne）的宣令有關：王國裡的家家戶戶，都需在屋頂上種滿長生草，以免人民遭到「雷擊」。

　　這種奇特的小草擁有皮革般的玫瑰狀葉片；在西方的古代，它以「朱庇特[15] 之鬍」（雖然壓根兒不像任何人的鬍子）、「朱庇特之眼」、「長青綠」（ayegreen）、「雷花」（thunder flower）等名字為人所知。

　　長生草能拿來治療女巫施法導致的高燒；嬰兒服用它的汁液便能確保長壽；用長生草摩擦手指，就能徒手掌握炙熱的鐵塊——但僅此一次。

Point

1. 長生草為家庭觀賞植物，十分耐寒，但種植時需注意高溫易導致長生草腐爛。
2. 英文名為屋韭，但跟韭菜無關，源自於歐洲的古老傳統：在屋頂上種植長生草，可避免雷擊並抵禦火災。
3. 葉子肥厚而多肉，耐旱且容易照顧，也經常作為妝點室內環境的多肉景觀植物之一。

[15] 羅馬神話的眾神之王，等同於希臘神話中的宙斯。

055 風信子 *Hyacinth*

科別：天門冬科　風信子屬
學名：Hyacinthus

　　風信子擁有甜美的芳香及柔美的色澤，是最受園丁歡迎的初春訪客；然而，它卻象徵災厄與悲傷。

　　風信子（hyacinth）得名於一位深受太陽神阿波羅與西風之神西弗勒斯（Zephyrus）鍾愛的男孩雅辛托斯（Hyacinthus）。這名年輕小伙子喜愛太陽神勝過善變的風神；當他表白自己的偏愛時，並無意識到此舉有多危險。

　　一日，阿波羅邀請雅辛托斯進行一場擲圈競賽；此時，西弗勒斯在樹林裡徘徊，決心執行他的復仇計畫。當阿波羅將鐵圈擲向目標物時，風神西弗勒斯改變風向，使偏離路徑的鐵圈正中雅辛托斯的眉間，令其一擊斃命。不過呢，太陽神隨即宣告：「儘管逝者已矣，他的俊麗仍應長存於花朵的嬌美之間。」

　　而後，他從地底召喚出風信子，並對著花朵嗟嘆道：「唉呀！唉呀！」此後人們看見風信子時，不禁會聯想到這個悲傷的詞彙；也由於「唉呀」的嘆息聲近似於希臘文中的「永恆」，便賦予了風信子「緬懷」的意含。因此才經常有人將它刻在墓碑上。

　　野生風信子也稱藍鐘花（bluebell），其餘還包括像是：「木風信子」（woos hyacinth）、「聖喬治之花」（St. George's flower）及「彎腰的恩底彌翁（bending Endymion）」等稱呼。

　　風信子的花語是「仁慈」，但不全然是悲劇的代言，也可為古早情意的表現，像是維納斯女神沐浴在風信子的露水中，藉以增添姿色；宙斯與赫拉、亞當和夏娃的臥榻，也是由風信子製成。

Point

> 風信子的主要產地為荷蘭，至今已有各種繽紛的顏色，且每種顏色的代表花語都不同。例如：紫色代表忌妒，藍色代表貞操，白色風信子意為可愛與祈禱。

植物神話與傳說

◆

126

056 鳶尾花 *Iris*

科別：鳶尾科　鳶尾屬
學名：Iris

　　當人們談論佛羅倫斯或法國的百合花時，其實是指鳶尾花。法國南部鄰近義大利的城市種植鳶尾花，因其樹根香氣出眾，但在法國，則習慣將鳶尾花當作皇家紋章或旗幟上的標誌。

　　法國的克洛維國王（King Clovis）紋章上的標誌曾是三隻黑蟾蜍，和平時期的牠們勉強還算不錯的護衛，只是每每國王親赴戰場，盾牌上的蟾蜍們總是深受「打擊」，且百姓們害怕，敵人的劍刃會穿過盾牌，刺向他們偉大的殿下。

　　然而某日，一位聖潔的隱士屏氣凝神冥思時，對突然降臨的天使訝然不已，祂帶來一面天藍色盾牌，上頭嵌著三朵鳶尾花，如陽光般耀眼奪目。隱士將這面盾牌及天堂捎來的消息進獻給克洛蒂爾德王后（Clotilde），王后隨即將之轉交給國王。於是，克洛維國王去除了皇家徽章上的蟾蜍。

　　下次出戰時，他換上天使的盾牌穿梭沙場，直到爭鬥落幕；然後他注意到，盾牌上未有絲毫戰鬥的痕跡，僅有鳶尾花綻放光彩。此役過後，克洛維國王的軍隊百戰百勝；法國繼承他的驍勇及聲譽，保留盾牌的形狀，並以鳶尾花作為皇家標誌。由於鳶尾花是基督教的象徵，克洛維國王也曾發誓，若能贏得對德軍的戰役，將信奉基督教；而他確實履行承諾了。

　　另有一派人士懷疑，克洛維國王從未以蟾蜍當作皇家紋章，登基時選的就是鳶尾花，無奈當時的藝術家畫技拙劣，把鳶尾花畫得像蟾蜍。無論如何，隨著歲月更迭，「蟾蜍」日愈有「鳶尾花」之美，且保有其神聖地位，直到大革命時期才加入公雞、老鷹、羅馬束棒（Roman fasces）[16] 及蜜蜂的意象。

　　另外，1137 年十字軍東征時，路易七世採用了鳶尾花，因為他的白色旗幟上，不可思議地出現了這個圖像，因此鳶尾花又稱「路易之花」（flower of Louis）；儘管最早的別稱是「璀璨之花」（flower de luce）。

　　起初，法國皇家的紋章上遍布鳶尾花，直到查理五世將數量改成三朵，才以此代表三位一體（Trinity）[17]。

植物神話與傳說

◆

---

[16] 由多根細綁在一起的木棍所圍繞的斧頭，在古羅馬時代是權力與威信的標誌。束在一起的木棍代表團結，古代用來砍頭的斧頭，則代表最高權力。

[17] 指基督宗教的「聖父、聖子與聖靈」。

057 茉莉花 *Jasmine*

科別：木犀科　素馨屬
學名：Jasminum

　　我們對茉莉花認識有限，僅知它種植於溫室中，綻放雪白的花朵；然而，它仍擁有許多人未曾熟知的特性。

　　在熱帶國家，白色和粉色的花朵外型呈樹雲狀（tree-cloud）且香氣撲鼻。儘管在炎熱的國家隨處可見，人們仍將它視若珍寶，不像我們美國人，視日落與北極光為理所當然。

　　實際上，對於路邊常見且易受忽略之花草樹木，我們正在昇華自身的見解，但卻也不同於墨西哥人、中美洲人那般利用玫瑰、鳳凰木與茉莉花。他們在鎮上的市集販售便宜花卉，如同美國人買得起金邊菊（goldenrod）與雛菊一樣，好讓人們在節慶時負擔得起裝飾的價格，能慷慨地以紅花綠葉妝點教堂和房屋。

　　在耶穌受難當晚，許多花朵傷心欲絕地凋謝，然而茉莉花卻強忍悲痛，合攏綠葉；翌晨重新綻放時，原本柔美的粉紅花瓣不再，轉變成前所未見的慘白。

　　在東方，茉莉花備受崇敬。印度女性會在頭髮上配戴戀人贈送的茉莉花，因它象徵感情的天長地久；人們用它編成新娘花環的原因亦然，縱使它在東方的別稱是「黑暗與深思」，並無婚姻幸福美滿的寓意，更甭說那則一點也不令人愉快的傳說故事：一名公主發現太陽神移情別戀、愛上她的宿敵後絕望自戕。夜茉莉自她墳上萌芽，人們稱之為「傷心的樹」，它的花朵遇見陽光會畏縮起來，彷彿對太陽的責難與恐懼，且花瓣會在破曉之際凋謝殆盡。

　　對阿拉伯人而言，茉莉花是愛之花，象徵戀人迷人的魅力。然而，他們卻以諧音「憂思明」（yas min）稱之，其單字是由阿拉伯文的「絕望」、「愚蠢」組成，影射詩人奧瑪・開儼（Omar Khayyám）對愛情的輕浮，而非愛戀中的似水柔情。

058 落葉松 *Larch*

科別：松科　落葉松屬
學名：Larix

　　傳說在房子周圍種一棵落葉松，燃燒松木時會有驅蛇之效。羅馬人常採用落葉松的木材造橋，因他們認為，這種木頭有防火之效。將一艘落葉松打造的船舶沉入 12 噚（約 2.1 公尺）深的水中，就會有不受火舌損害的特性，因海水有助於使它萬火不侵。

　　法國人用落葉松製成松脂，而它看起來就和美國人嚼到下巴發痠的口香糖相去不遠，登山者也會咀嚼它來「固定牙齒」，避免氣壓性牙痛或受傷。

　　女巫詛咒街坊鄰居的首要步驟即是：將蛇怪（basilisks）之血、毒蛇皮（vipers）、鳳凰羽、蠑螈鱗或各種古代常見之物混著松脂，然後在三更半夜時，將它沸煮成可怕的燉物。

Point

1. 多分布於北半球北回歸線以北。
2. 重量偏重、硬度中等，為熱門家具材料；也能製造木製器具、造紙纖維等。

059 月桂樹 *Laurel*

科別：樟科　月桂屬
學名：Laurus

　　人們將月桂樹作為個人裝飾的歷史悠久，且不時將月桂葉編成的花環贈與音樂家，表徵其傑出的演技。究竟這樣的風尚興起於何時呢？傳說亙古以前，阿波羅斥責邱比特的放蕩，使後者心生不悅、決心復仇；他對阿波羅射出一支金箭，使阿波羅註定愛上第一位遇見的女子。邱比特覺得這還不夠，又將第二支弓箭射向阿波羅的胸膛；這支鉛灰色箭鏃的弓矢對他烙下印記，阿波羅傾心的那名女孩將對他心生厭惡。

　　不久後，阿波羅遇見森林女神達芙妮（Daphne），立即墜入愛河並對她展開追求，冀望能一獲少女芳心。達芙妮愈推拒，阿波羅的攻勢就愈猛烈，使得森林女神既恐慌又惱火。最後，達芙妮發現逃為上策，但阿波羅窮追不捨，就在阿波羅迎頭趕上之際，她祈求神明們讓她褪去令追求者著迷不已之姿，讓她從阿波羅的煩擾中解脫。

　　話才剛落下，她的雙腳便陷入了大地；為了向上天祈禱而高舉的雙手則日愈粗壯，隨後完全僵直；節結與皺褶取代了姣好的面容；剔透無瑕的皮膚逐漸轉褐；倏忽間，隨風飄逸的頭髮變成簌簌茂葉……阿波羅伸長雙臂，僅能將月桂樹擁入懷中，此外再無他物。

　　阿波羅雖然悲頹不已，但對達芙妮的愛仍堅不可摧，勝過原野上所有樹木。阿波羅下令，達芙妮亮麗的秀髮應用於加冕勇敢、服務傑出之人，或用來創造過人的美麗。

Point

1. 月桂樹（Laurus nobilis）為月桂屬中相當知名的植物，古希臘人會將月桂葉編織成桂冠授予勝利者，象徵著榮耀與勝利。
2. 月桂樹的月桂葉為調味料的一種，別稱為「香葉」，無論是燉煮、泡茶都相當適宜。也因香氣宜人，也被製成植物精油。
3. 盛產於地中海地區，台灣幾乎沒有種植月桂之處。

060 韭蔥 *Leek*

科別：蔥科　蔥屬
學名：Allium porrum

　　埃及神話中，狄克提斯（Dictys）的事蹟能對應到希臘神話中恩底彌翁（Endymion）的故事，內容述說狄克提斯冒險渡河採韭蔥卻意外溺斃，導致深愛他的月亮女神愛希斯（Isis）悲痛欲絕。希臘人相當重視韭蔥，因黑暗女神拉托娜（Latona）曾失去食慾，某天隨意吃了些韭蔥後，竟恢復了進食的慾望。

　　韭蔥的葉子獲稱「聖人默利斯（Saints Maurice）與拉撒路（Lazarus）的緞帶」，根據西西里一則怪誕的傳說，聖彼得的母親曾試圖用韭蔥脫離地獄。故事是說，聖彼得吝嗇小氣的母親，一生從未施與他人任何物品；除了因為要打發乞丐，才「大方」施捨一根韭蔥葉之外。因此，她死後遭遇了永恆的折磨。

　　她請求兒子代替她懇求上帝網開一面；聖彼得前去求情，卻得到上帝冷漠的回應：「你母親從未做過一件好事；不過呢，我會遣一名天使為你母親送去一根韭蔥葉，若葉子的韌性足以帶她離開地獄，就放她自由。」

　　天使飛入深淵，將韭蔥葉的一端遞給聖彼得的母親抓握，不一會兒她就升高幾呎，然而其他受刑人也紛紛抓住她，試圖一同逃離地獄。聖彼得的母親瘋狂踢擊那些人，拚命想掙脫眾人的捉拿，強勁的力道扯斷了葉子，使她跌向比先前更加沉鬱的深淵。

　　另外，白與綠不僅是韭蔥的顏色，也是威爾士文化（Cymric）的色調。威爾士人會在三月一日慶祝聖大衛節（St. David）時穿戴韭蔥，他們認為，聖大衛是一名勤儉的聖者，多食韭蔥維生，因他修道時的住所周遭遍布韭蔥。爾後，聖大衛離開修道院的小房間出戰薩克遜人（Saxons）。

　　他命令士兵們將韭蔥放進帽子；如此一來，當他們衝鋒陷陣與敵人近身搏鬥時，空氣中便會瀰漫駭人惡臭，讓敵軍陷入恐慌，同時仍能分辨敵我；也因為打贏了這場戰爭，威爾士人繼續配戴韭蔥，紀念他們的勝利。

植物神話與傳說

136

061 鈴蘭花（山谷百合）*Lily of the Valley*

科別：天門冬科　鈴蘭屬
學名：*Convallaria majalis*
別名：山谷百合、風鈴草、君影草

　　沒有什麼花卉比鈴蘭花來得更加甜美可人了。它為世人展現純潔與謙卑的美德。雪白花瓣中帶有一抹穩重，淡雅芬芳中透著一絲聖潔；其好生長於安靜、光亮與蔭庇參半之處，彷彿盡可能地避免直接與凡塵接觸。

　　「小巧的五月鐘鈴」是他的德文別稱之一，英國則沿用「五月花」、「五月百合」（May lilies）的舊稱；但那太過時了，「天國的階梯」（ladders to heaven）聽起來更棒。法國人稱它為「聖瑪莉的眼淚」（the tears of Holy Mary），帶入了溫婉的涵意。

　　北歐神話的春之女神奧斯特蕾（Ostara）是鈴蘭花的守護神，鈴蘭花盛開便象徵女神降臨。此外，「伏里施喬夫傳說」（Saga of Frithjof）則為鈴蘭花找到更適切的用途，內容提及英格堡（Ingeborg）弔念她的戀人時曾描述說，他的墳上披覆、漫開著如此柔情芬芳。

　　鈴蘭花也是年輕追求者送給心儀對象的最佳贈禮。的確，他們的存在本身便為一首交織尊重、純潔與曼妙的詩歌。無怪乎在過去某些時代，由此神聖植物萃取的香水格外貴重，以至於只有金銀製的器皿才配盛裝它。

　　在英格蘭薩塞克斯（Sussex）地區的傳說中，聖雷歐納德（Leonard）遇見驚天駭地的惡龍，而後與之大戰三天，幾次他幾乎失去意識，常蒙受恐懼與絕望纏身，但卻未放棄戰鬥。第四天早晨，他志得意滿地盯著這隻怪物拖著長長的身軀、狼狽逃回樹林的模樣。身體的疼痛讓聖雷歐納德虛弱不堪，但再也沒人遇見過他。

　　然而，惡龍在他身上留下了數道印記，因蒙受爪牙攻擊而噴濺的鮮血滴落大地，天堂將這些位置標記成神聖之處，綻放朵朵鈴蘭花。朝聖者可於樹林裡見到這些白色花朵的芳蹤；側耳傾聽，便能聽到雪白鈴蘭花敲奏勝利的讚歌。

062 丁香花 *Lilac*

科別：木犀科　丁香屬
學名：Syringa vulgaris（洋丁香）

丁香花（Lilac）來自波斯，它的名字中還殘留一絲「波斯味」：英文唸作萊樂柯，波斯文則為萊樂格（Lilag），有「花卉」之意。其16世紀時傳入歐洲，爾後由清教徒攜入美國。

丁香花多生長於南亞或西南歐的野地，但到了美國，卻搖身一變為花園裡的萬人迷。五月丁香花盛開的街道，有誰能出其右？那垂首的姿態恍若在向行人問好；露水沁鼻，芳香宜人。人們稱它「王子的羽翼」、「鴨嘴」，或「吹管樹」（blow-pipe tree），因菸斗用的菸管（pipe-stem）就是由它的細枝製成。

儘管人們為五月的慶典採集丁香花，室內的人們卻改以莊重謹慎之心看待它；它之於許多人是朵厄運之花，畢竟紫色讓人聯想到哀弔；一則古老的諺語是這麼說的：「配戴丁香花的人，永遠不會戴上結婚戒指。」、「獻給未婚夫一束丁香花，是委婉的悔婚。」

一名女孩深信一名英國貴族，但卻真心換絕情，以致悲傷致死。她的朋友們用無數丁香花妝點她的墳墓。神奇的是，當他們將淡紫色的花放到墳上，翌晨，花瓣通通變成了白色。若你前往今日英國的赫特福德（Hartfordshire）懷伊郡（Wye）某村莊的教堂基地，人們會為你指出這歷史上第一朵白色丁香花。

> *Point*
>
> 1. 丁香花多為觀賞用花卉，富含丁香油的花蕾也是名貴的香料。
> 2. 中藥裡的公丁香為乾燥的洋丁香花蕾，母丁香則是曬乾後的果實。

063 蓮花 *Lotus*

科別：蓮科　蓮屬
學名：Nelumbo nucifera
別名：芙蓉

　　蓮花具有多樣且超凡脫俗的象徵意義，例如：它是太陽與月亮的代言人、代表沉默的特性、女性之美的象徵、神靈的氣息、生產永生花蜜的植物、摩西的搖籃、佛陀的座椅、方舟紀念物、偉大靈魂的安息之所。其他尚有：印度教的愛神（goddess of love）吉祥天女名為拉克希米（Lakshmi），平素愛以蓮花為臥榻，渾身散發的馨香滿溢整個天庭等等。

　　另外，希臘神話有愛神邱比特，印度神話有愛神伽摩（Kamadeva）乘蓮花漂流在恆河上；日本的不動明王則踩著蓮花拖鞋在空中飛行。此外，佛陀的七步蓮花即指釋迦牟尼才剛出生，就往北獨立走了七步，每當他往前踏出一步，地上就長出一株蓮花。

　　蓮花到了埃及，就成了太陽之神歐西里斯（Osiris）的花卉；他的兒子荷魯斯（Horus）是靜穆之神，常像佛陀一樣坐在蓮花裡，並將手指置於唇前，似在叮囑人們和平共處。這種永恆的平和，體現於佛陀沉思的姿態；日本雕刻家以細膩精湛的手法，刻劃出佛陀坐在盛開的蓮花上，準備聆聽信眾祈禱的模樣。

　　古埃及人所謂「尼羅河的新娘」即為睡蓮，它在希臘神話中的形象為一甜美可人的女神，但被海格力斯（Alcides）遺棄，所以跳入尼羅河溺死。然而，在神祕的印度教裡，蓮花象徵世界，因梵天出生於毗濕奴肚臍上的蓮花，並在那個蓮花座上創造世間萬物。

Point

1. 代表夏季的花卉。名句「出淤泥而不染」形容的即是蓮花的生長環境：根莖生長於池塘底部的淤泥裡，花葉則露出水面。
2. 台南白河被稱為蓮花之鄉，以賞蓮聞名；最著名的大王蓮（王蓮，Victoria）與蓮花為同科不同屬的植物，其巨大的葉片可乘載 100 公斤內的物品。

064 玉蜀黍 *Maize*

科別：禾本科　玉米屬
學名：*Zea mays*
別名：玉米、番麥

　　美洲印第安人普遍相信，玉蜀黍的起源相當神聖：那是神祇創造大地時攜帶的食物，當祂們飛回天堂時遭到忘恩負義的人類攻擊，玉蜀黍的種子便從其手中掉到土裡發芽茁壯，成為千萬蒼生的糧食。此外，農民們會殘殺烏鴉，印第安人會保護牠們，因烏鴉從天堂帶來玉蜀黍種子，並將其撒播出去。

　　北美原住民齊佩瓦族（Chippewa）流傳著這麼一則故事，述說先知海華沙（Hiawatha）之子，半神的烏納蒙（Wunaumon）獨自生活的軼事。烏納蒙是一名強大的獵人，光是見到他的影子，怪物們不是逃之夭夭，就是飛得不見蹤影。他自在地穿梭在密西西比河岸的森林。某天，他越過一片大草原抵達另一座森林時，在樹蔭下遇見一位陌生人。

　　那名陌生人披著一襲稻糠般堅硬且黃燦燦的外衣，一根赤紅羽毛飄動於印第安人特有的一綹髮，身形矮壯，看來壓根兒不像會對魁梧的烏納蒙下戰帖；然而，他們短暫交談後，陌生人拿出菸斗，和獵人交換吸了口菸。當烏納蒙詢問對方尊姓大名時，他卻語出驚人。

　　「我不會告訴你，除非你用摔角擊敗我。來吧，你不會吃虧的，你的勝利會讓你獲得比我的名字更有價值的事物。」

　　「比就比呀，紅羽毛！」獵人邊喊邊褪去身上的配件。

　　「我不是紅羽毛！上吧，或許你得先知道，若你征服了我，將是全體人民的福祉。」

　　話剛落下，兩人便開始激烈搏鬥，時而佯攻欺騙對手，時而掙脫對手攻勢；並在喘口氣後又回頭繼續搏擊；數小時後，雙方勢均力敵，誰也不讓誰。烏納蒙訝然地看向那身型嬌小的對手。終於，當太陽緩緩西下，烏納蒙奮力一搏，張開雙腳穩住下盤，像熊一樣地用雙臂抬高對手；轟地一聲，此地發出爆炸般的聲響，然後不知名的對手倒下了。

　　「哈，是我贏了！」烏納蒙興奮大叫，「快告訴我你的名字吧。」

　　「我是夢納明（Mondahmin）。我將我的身體交給你的人民。將我葬在我戰敗之處，並常回來走動，有天你會再見到我，屆時，我將從這片沃土帶禮物給你。」

　　烏納蒙讓夢納明平躺在地，並用
塵土覆蓋他的身體。一個月後他再度
回到這個地方，只見夢納明墳上飄揚
著兩根綠羽毛；微風輕輕掠過，一陣
柔和的歌聲自翎羽處傳來，彷彿綠羽
輕聲唱著：

　　　玉蜀黍兒，是夢納明的禮物；
　　　仔細瞧瞧，獻予百姓的糧種，
　　　且記昭告天下，
　　　為夢納明，設宴於百果之月。

　　半神獵人按囑託去做，而交給人
們的種子也發芽茁長；高聳的莖幹上
結滿豐碩的穀粒；粒粒飽滿可口，且
在饑荒來臨時挽救了天下蒼生。

Point

1. 全世界產量最高的作物。除了當作糧食，也
　作為燃料、化工原料等。
2. 營養密度比糙米、白米更高，擁有「穀物之
　王」的美譽；其豐富的膳食纖維更是保養腸
　道的聖品。
3. 由南洋傳入台灣，栽種歷史久遠，清朝《台
　灣府志》中記載為「番麥」，是布農族、泰
　雅族等台灣原住民的傳統主食之一。
4. 台灣目前以雲林、嘉義、台南地區為主要玉
　米產地，盛產期為春、秋兩季。

065 芒果 *Mango*

科別：漆樹科　杜果屬
學名：Mangifera indica
別名：檨仔

　　遊歷熱帶地區的旅人品嘗芒果時，心中難免五味雜陳；它可口、多汁……汁多到人們最好穿工作服享用它。整體來說，芒果的味道之於多數美國人，無異於浸泡過松節油的腳踏墊，但非洲人與亞洲人則特別珍愛這種植物。

　　根據印度的康納達（Canarese）傳說，芒果樹是生命之樹。故事中，一隻喜鵲飛往天堂，銜來芒果種子獻給國王，牠說：「種下它吧，當果樹成熟，便食用它的果實，它將使您擁有永恆的生命。」於是，國王種下了種子。

　　到了收成的季節，芒果樹長得宏偉且碩果纍纍，繁茂的葉片青綠光滑，果實紅潤飽滿。但一切都變了調，當老鷹啣著一條毒蛇從上空飛過，毒蛇分泌的毒液不偏不倚就滴在即將進獻給國王的第一顆芒果上。同時，國王對喜鵲帶來的種子結出的果實抱持疑慮，便命令一名老人當庭吃下那顆芒果，毒性馬上在他身上發作，老人在痛苦折磨下丟了性命。

　　國王既震驚又憤怒，於是抓住那隻帶來不幸的喜鵲，狠狠掐死了牠。此後，好一陣子都沒人敢觸碰那棵芒果樹，甚至稱它為「毒芒果樹」；但它卻躲過了慘遭砍伐、焚燒的命運。

　　一名年老的婦人因再也無法忍受兒子、媳婦的虐待及唾棄，決心吃「毒芒果」自殺，好讓不孝的兒、媳背負迫害老母的罪名。誰知，吃下芒果的婦人竟變成一名妙齡女子。

　　聽聞這般神蹟的人們紛紛吃下芒果，然後所有人都為重返青春而歡欣。唯獨國王沒和群眾一起吃，而自省著殺害那隻為他帶來回春果實的深情鳥兒，他是多麼地惡毒啊！最後，國王在悔恨中結束了生命。

1. 台灣主要有三種芒果，原生種的
   土芒果、國外引進的愛文及金
   煌。知名產地為台南市玉井鄉。
   其中，未成熟的土芒果稱青芒
   果，切片加工醃漬就成為了酸甜
   的懷舊點心「情人果」。
2. 除了種類與產量豐富，也因發展
   出芒果剉冰等甜點，使台灣躍升
   為全世界知名的芒果王國，不少
   國外觀光客為此慕名而來。

066 金盞花 *Marigold*

金盞花如同其他黃色花卉，有光的意象，一如別稱「太陽的新娘」及「黃金之花」；詭異的是，它同時也是「嫉妒」與「諂媚」的代名詞。

一則傳說中，金盞花是一名少女，但她傾心戀慕的對象卻愛上了她的情敵，妒恨使她失去理智，最終自我毀滅。然而，一部花卉辭典指出，金盞花對情感的忠貞不渝，遠甚於嫉妒的涵義，因它總是面向旭日並忠於日輪，且為此歡愉。

同屬花卉尚有一堆稀奇古怪的別稱，諸如：「死亡之花」、「母牛花」（cowbloom）、「古爾斯」（gouls）、「勾欄」（goulans）、「黃金（愛爾蘭文）」、「王杯」（king cups）、「捕蟲菫」（butterwort）、「公牛花」（bull flower）、「池中花」（pool flower）、「憂慮草」（care）、「馬斑點」（horse blob）、「水龍」（water gragon）、「醉漢」（drunkard）、「稅吏與罪犯」（publican-and-sinner），「富含雞蛋味的瑪莉芽苞」（yolg of eggy Mary bud）、「金花」（gold flower）、「閃亮的植物」（shining herb）以及「左手握的鐵」（left-hand-iron）。其中，「左手握的鐵」源自普羅旺斯；在當地，綻放的金盞花被喻為戰士左手握持的盾牌。

另外，希臘文中的金盞花稱為卡拉索斯（kalathos），意指杯子，某些品種的學名 Caltha 也由此衍伸而來，興許蘊含古希臘人關於其由來的故事。一則亙古流傳的德國傳說與上述希臘的傳說非常類似：述說少女 Caltha 愛上太陽神的故事。她的愛有多濃烈？太陽神就是她生命的意義，使其不惜耗費整夜在田野間蹲點，只為他睜眼時的那一瞥。

愛情如此消磨，以至於她日漸消瘦，最終化為一道靈魂，自地面升起，逐漸消弭在她所戀慕的光芒中。她過去佇立之處，則出現了第一株金盞花，形狀與顏色都讓人聯想到太陽。一滴水落在花瓣上，也許是露水，抑或少女轉化成花朵後表露幸福的淚珠。

墨西哥的金盞花簡直是完全不同的植物，擁有紅色花瓣——是為西班牙人掠奪土地與黃金，將阿茲特克人趕盡殺絕時噴濺的鮮血。還有一說，因聖母瑪利亞將金盞花配戴在胸前，使它獲得了「瑪莉金」（Marygold）的別稱。

1. 僅需充足的陽光便能生長，是世界各地均有種植的觀賞植物。
2. 古代作為染料使用，而今則因具有消炎、止痛等功效，被製成與皮膚病理相關的藥物或保養品、化妝品。另外，由於金盞花含有豐沛的葉黃素，也被製成眼部護理相關的保健食品。

067 甜瓜 *Melon*

科別：葫蘆科　黃瓜屬
學名：Cucumis melo

　　基於某些原因，甜瓜曾惹怒先知伊利亞（Elias），興許是他食用甜瓜後，覺得不對胃口。若你有機會一攀以色列的迦密山（Mount Carmel），便會在山頂瞧見一片石頭羅列的原野；它們曾是甜瓜，但伊利亞所下的殘酷詛咒，使其變得比原本更難消化，外型也硬化成今日的模樣。

　　還有一說，一位托斯卡尼地區的國王喜獲三胞胎，身為父親的國王卻未曾細心照料他們，因為他的姊妹們妒忌他的王后，從中挑撥離間說，三胞胎不是人類，他們的真面目是一隻貓、一條蛇與一根棍棒。

　　國王輕信讒言，於是以女巫惡名將妻子關入大牢，並下令將他的孩子們扔進大海。被分配到這個工作的園丁於心不忍，把可憐的小傢伙帶回家視為己出，傾授孩子們蒔花弄果的技術。

　　西瓜[18] 是他們花園中最先成熟結果的植物，那果實多麼可口、誘人又豐碩！眾人紛紛認同，應將它進獻給國王，於是，這顆瓜就出現在國王的餐桌上了。就在國王的尖刀切開西瓜的那一刻……看呐！它的種子竟是璀璨的寶石！

　　「哦，太不可思議啦！」國王大聲嚷嚷，「甜瓜能結出寶石嗎？」

　　一位侍女答覆：「好比女性也能孕育貓、蛇和棍棒。」

　　「妳這話是什麼意思！」國王回以咆哮。

　　旁人奮力向智商堪慮的國王解釋，直到最後，他終於明白一切。於是，他釋放了妻子，讓孩子們回到宮殿。國王沒有對他的姊妹們處以溺斃之刑，而是公開處以火刑，為宮廷內的醜聞作結；卻也不經意暴露了自己過去的愚昧。

> ### Point
>
> 1. 由於農業技術進步，各式甜瓜品種都被開發出來，包含：哈密瓜、香瓜等知名水果，種類之盛僅次於甘藍菜。另外，西瓜則為同科不同屬之植物。
> 2. 台灣東、南部為甜瓜主要產地，以種植香瓜為大宗，最知名的品種為美濃瓜。

[18] 此指甜瓜的其中一個品種。

068 木犀草 *Mignonette*

科別：木犀草科　木犀草屬
學名：Reseda

　　若你在夏天早晨的花園拈花蒔草，當微風輕撫木犀草，將為你帶來滿園細膩的芬芳；嗡嗡飛舞的蜜蜂採集花中甘蜜，此刻，彷彿置身人間仙境。沒錯！木犀草迷人之處便在於它的香氣。

　　它無法提供華美的視覺饗宴；但花期持久且花朵繁盛，每個大小適中的「木犀草仙境」不僅深受花園主人喜愛，連天堂都凝望著這片綠地，思索為何人間也有仙境？

　　木犀草又稱「甜香木」（sweet resada），有舒慰之意，且受賜於東方的祝福，因東方人認為它代表「健康」。的確，只要我們試圖想像，便不難發覺二者的關聯：嗅聞其香氣有助於舒緩疼痛與不適；其香味具有細緻的治癒、刺激與麻醉之效，以至於嗅覺駑鈍的族群常忽略木犀草也有芬香。

　　木犀草是相當謙遜的植物，幾乎與任何花卉都相處融洽，且因樂意綻放於各地散播芬芳，無論到哪都廣受喜愛。

植物神話與傳說

◆

069 含羞草 *Mimosa*

科別：豆科　含羞草屬
學名：Mimosa

　　這株敏感的植物可謂最珍奇的一種植物型態了，一旦受人觸摸拈弄，就會合攏葉片，彷彿枯萎一般地低垂。這種「裝死」反應是出於本能機制，好比動物也會「詐死」，以躲避肉食天敵的獵食，因肉食動物不會捕獵屍體。

　　不過，纖細的含羞草還有較為強韌的近親，即使被觸碰，也不會產生過度的反應；例如埃及含羞草，人們萃取它的樹脂以製成所謂的乳香（frankincense）。

　　希臘神話中，敏感的含羞草原型為少女瑟菲莎（Cephisa）。為她癡迷的牧神潘（Pan）對其展開猛烈追求，瑟菲莎則被如此激情嚇得倉皇逃離，但牧神追了上來，並將她緊緊摟在懷中。瑟菲莎只好請求諸神保護，而她逐漸變為含羞草的過程，就是神祇們給予的回應。

　　根據古老的信念，這種植物也極為敏感，以至於一名犯錯的少女從它身邊經過，其葉子就會併攏，好似被少女的罪刑觸碰一樣。

> **Point**
>
> 1. 含羞草於荷蘭人治台時期被引入台灣，常生長於路旁潮濕的泥地。一旦被人觸碰，葉片就會緩緩閉合，是連科學家都覺得驚奇的一種植物。
> 2. 全株皆可入藥，是中藥的一種。

冥府之王普魯托（Pluto）始終不是受人戀慕的神靈，即使在他妻子心中亦然；歷經歷經漫長的等待後，他終究也有擄獲他人芳心的能力。人們視他為黑暗與憤怒之神，他揮舞著一根木棒，將那些不守規矩的邪靈驅趕至他們最後的幽暗之所。

多數時候，普魯托在冥府度日，偶爾才造訪光亮之處；其中一次，他遇見了女神敏柔（Mintho），並為她深深著迷。但現在，他的妻子普洛塞庇娜（Proserpine）比以前更像位妻管嚴啦；不是因為喜歡普魯托，而是身為女人，豈容許丈夫懷有二心？為了報復不忠的丈夫，普洛塞庇娜一逮到機會，就將情敵變成失去外在美貌，卻能以清新香氣迷惑男人的植物。

薄荷有許多品種，比如貓咪難以抗拒的貓薄荷（catmint），不僅能讓貓咪處於亢奮、「性」致高昂、好戰的狀態，咀嚼其根部，甚至會「讓溫和無害的人變得兇巴巴、愛吵架」。另外，人稱唇萼薄荷（pennyroyal）的品種對農園好處多多，是能清血、除蚤的草藥；巫女還拿它製成害人的藥水，讓喝下的人兩眼昏花。

Point

1. 薄荷提煉的薄荷油會刺激中樞神經系統，使皮膚毛孔擴張，加上其特殊又強烈的香氣，往往有提神、鎮定之用，常製成有解熱、醒腦效果的薄荷精油；多數含有薄荷的產品（如牙膏、洗髮精、口香糖）皆具備類似舒爽醒神之效。
2. 藥學上，薄荷的效用多多，也常見於各式調味品，或被製成茶包飲用。
3. 分布於台灣高山的台灣野薄荷是同科不同屬的植物，但功效與薄荷相似，因此許多登山客會摘採野薄荷驅逐疲勞、提神，或敷在蚊蟲咬傷處；除了止癢外，也可用於驅逐蚊蟲。

槲寄生 *Mistletoe*

科別：桑寄生科　槲寄生屬
學名：Viscum album

　　北歐神話的芙蕾雅（Freya）女神相當疼愛兒子巴德爾（Baldur），囑咐萬物蒼生都要愛護他；但卻忽略了一種植物——槲寄生，此種植物生長在樹幹的缺口，即便果實轉為白色，人們也難以察覺到它的存在。

　　神話中的槲寄生茁長於英靈殿瓦爾哈拉（Valhalla）附近的一棵老橡樹。巴爾德站在樹蔭下，要求眾神放膽傷害他，並獻出自己的身體作為諸神攻擊的箭靶。當神仙們的弓箭、長矛朝巴爾德射來，他卻無畏地站在原地。

　　其中一名神祇洛基（Loki）不但羨慕巴爾德的俊美，更忌妒人們對他的關愛及其姣好的外型。於是他偽裝成女性前去詢問芙蕾雅，為何沒有武器能傷害巴爾德？芙蕾雅回說，從水、空氣乃至大地上的萬物，都曾宣誓會以慈藹待之。因此沒有任何事物能傷害他，或讓他流一滴血。

　　「真的沒有任何東西能動他一根寒毛？」洛基詢問。

　　「沒有。」芙蕾雅回應，「——除了槲寄生，但它是如此渺小又微弱，傷不了任何人。」

　　洛基恢復原貌後回到那棵橡樹前，找了一根最堅韌的槲寄生樹枝，拔除後再修掉上頭的葉子與果實，最後削尖樹枝末端。一陣子後，神祇們再度聚集在巴爾德附近，準備再測試一次他對弓矛傷害免疫的能力。盲眼的霍爾德（Hodur）站得遠遠地，而洛基走過來問他：「你為何不參與他們的活動？」

　　「我什麼也看不見，更何況手邊沒有能丟擲的武器。」霍爾德答。

　　「那至少跟大伙兒同樂吧。」洛基強調，「丟這個，將它當成長矛拋出。」

　　洛基說著，同時遞給霍爾德那把槲寄生削成的武器。然後，他讓霍爾德面朝巴爾德佇立的位置，並順著洛基的話將槲寄生樹枝投擲出去、射向巴爾德；那根箭矢刺進了巴爾德的身軀，他倏然倒地，命在旦夕。

　　眾神們見狀，齊心盡力救活了巴爾德，並要求槲寄生發誓，絕不再傷害他人。為確保槲寄生信守誓言，諸神們將它獻給芙蕾雅發落。然而，芙蕾雅女神赦免了槲寄生意外殺人的罪名，並賦予它正向的意義。

槲寄生也承諾，只要它不觸及大地就不會傷害萬物。幾千年後，即便人們未曾聽聞過巴爾德、霍爾德或洛基的名號，也會在歡樂的時節將槲寄生掛在屋上，並在經過槲寄生時相互親吻。因為只要槲寄生不在腳下，人們就能平安順遂、好運連連。

Point

1. 獲「台灣植物界奠基之父」美譽的日本植物學家早田文藏，1916 年發現了台灣獨有的「台灣槲寄生」（Viscum alniformosanae）。

2. 「在槲寄生下吻我」是歐美著名的聖誕節習俗，源於歐美民眾習慣在廚房等門上懸掛槲寄生花圈。在聖誕節當天，無論誰在花圈下相遇，都能親吻彼此；但這個習俗的來源眾說紛紜，好壞參半。近年來，台灣也有愈來愈多民眾在聖誕節前夕，會在門上懸掛槲寄生花圈。

072 牽牛花 *Morning-glory*

科別：旋花科　牽牛花屬
學名：Ipomoea
別名：番薯屬、喇叭花

　　牽牛花以和藹的目光仰望嶄新的一天，色彩繽紛的星形圖像點綴著繁盛的藤蔓，它只需再添一抹香氣，就能擁有非凡的價值。

　　牽牛花是長青植物的一種，播種後便能自行成長。花園的種植者只需專注於拔除那些於冬季尾聲、萬象更新時，在周圍旺盛萌發的小牽牛花即可。

　　儘管花期短暫，牽牛花仍象徵勇氣與活力。英國人稱野生牽牛花為「大旋花」（large bindweed），在法國人眼中，則是「白晝美人」（belle of the day）；然而，當我們得知它被用於何處時，它的美麗便頓時黯淡無光：人們將這種花搗碎、煮沸後，敷在破相般醜陋的腮腺炎腫傷上。

　　詩人本就不該讓美麗的牽牛花與腮腺炎扯上關係，而杰拉德（Gerarde）更進一步否定牽牛花的藥用性質，並呼籲說：「牽牛花不適合藥用，而為毫無益處的雜草，甚至對生長在他們周遭的植物有害，唯有江湖術士、庸醫、詐騙年長女性的傢伙與藥物成癮者才將其用作藥物。」但英國鄉村的居民倒是老神在在，他們還醃漬濱旋花（sea bindweed）的嫩芽作為海蘆筍（samphire）的替代品。

Point

1. 牽牛花為旋花科中，種類最多的族群，分布於台灣全島的平原與丘陵地帶。古人認為此花的藤蔓可製成藤繩，並繫在牛隻身上，故得名「牽牛花」。
2. 牽牛花開花的時間相當短暫；白天開花，照射到炙熱的陽光後很快就凋謝；也因此被日本人稱為「朝顏」。
3. 牽牛花究竟適不適合藥用？根據《台灣藥用植物資源名錄》，牽牛花的確曾用於治療腫毒，但毒物科權威也提醒，因牽牛花含有毒性，也曾有服食牽牛花中毒死亡的案例，因此對其藥用價值採保守看法。

073 益母草 *Motherwort*

科別：唇形科　益母草屬
學名：Leonurus cardiaca
別名：灰白益母草

　　飲用益母草能使人延年益壽，讓等待繼承財產的人們驚訝又哀傷。益母草顧名思義，即是有益於女性的藥草；在日本，它也是生命的草本，有條河川流過益母草漫開的山丘，而飲用河水的人們則青春永駐、壽比南山。

　　清酒或稱日本白蘭地，成分中含有少量益母草。釀酒師釀造清酒時，會將益母草的花浸入蒸餾酒中；某種啤酒的作法亦然。九月九日是日本的益母草祭典，這天，人們會象徵性地啜飲益母草製成的飲料，並將其花瓣與米飯混在一起。不僅如此，鄰人們還會互相傳遞一杯杯綴飾著益母草花的清酒，祝福彼此健康長壽。

Point

益母草為一種用於婦科、養生調經的中藥材，故也被稱為是「為女性而生的藥草」。

074 芥末籽 *Mustard*

別名：芥子末、芥菜籽

　　幾世紀以來，人們就對身為調味料的芥末籽毫不陌生。寓言中，縱使芥末籽的地位微乎其微，但相對地，卻帶給人們「微不足道的開端能造就偉大結果」的啟示。佛陀有則寓言是說，一名痛失愛子的母親，揹著小孩的遺體挨家挨戶懇求人們拯救孩子。然後她遇見一位睿智的男人，遂詢問他那一成不變的疑問：「施主吶，有沒有什麼祕藥良方，可救活我的孩子？」

　　男人看著女子因悲傷而麻木的臉龐道：「妳得向一戶從來沒有小孩、丈夫或奴僕亡故的人家索取一把芥末籽。」

　　女子聞言，便急切地奔走四處，但無論去到哪裡詢問人們：「請問您家中是否曾有人過世呢？」都得到一樣的回答：「當然啊，死去的還比活著的多呢。」日復一日，她苦苦尋覓卻無功而返。

　　她終於了解到，自己的行為是徒勞一場，並豁然理解了哲學家的智慧。因體認到自己的悲愴如此自私，與她經歷相同悲傷的人何其多也？最後，她在樹林裡與死去的孩子道別，並回到那名智者面前，坦白沒有找到芥末籽，卻得到了他的真意。智者回說：「妳曾認為只有自己失去孩子，然而，死亡支配著宇宙萬物。」

　　在印度，芥末籽象徵「生命的永續」（generation）。坊間流傳一則故事如下：巴卡瓦莉（Bakawali）女神棲息於神廟近十二年之久，她的軀體已化為大理石。一日，一名農夫來到這座神廟上耕作，並將芥末籽撒在翻完新土的農地上，待作物成熟，便帶回家給未孕育過兒女的妻子食用。

　　不久後，他們的女兒出生了，不僅美如天仙且惹人憐愛！夫妻倆將她取名為巴卡瓦莉。人們相信，她與巴卡瓦莉女神毫無二致，而女神亦透過芥末籽永續了她的生命。

075 沒藥 *Myrrh*

別名：末藥

　　沒藥的樹膠為一種用於宗教儀式的珍貴之物，其基於宗教目的使用也有兩千多年的歷史。遠古時代，人們將沒藥與油混合成膏油，供神父塗抹；亞倫與兒子們被推崇為領袖時，混合沒藥的膏油也被淋在他們頭上，並順著鬍子滴落。猶太人則用沒藥為會幕[19]、船、祭壇、杯子與其他聖器增添香氣與聖潔的意涵；女性分娩後[20] 淨化期間的前六個月，也使用象徵聖潔的沒藥，之後則改用其他香氛。

　　在一則宗教故事中，尼哥底母根（Nicodemus）據埃及人的習俗購買了 1 英擔（約 50 公斤）的沒藥和蘆薈，以保存耶穌基督的遺體。古埃及城市赫里奧波里斯（Heliopolis）的住民每天會為太陽神焚三次香；拂曉時用某種樹脂，正午時用沒藥，傍晚則使用混合香料；波斯國王認定自己足夠聖潔，因而有資格配戴綴有沒藥及香氛植物的皇冠。

　　確實，喬治三世在位時期，王室也將沒藥用於官方儀式。他們在王室的禮拜堂中「定期供獻」黃金、乳香、沒藥，顯然是為了紀念東方三賢士[21] 獻給嬰兒耶穌的禮物。

　　然而，若古代傳說為真，沒藥其實是挺反宗教的植物。傳說沒藥是悲慘密耳拉（Myrrha）的淚水。由於密耳拉對父王賽普勒斯（king of Cyprus）抱持不尋常的愛戀，因而被他驅逐出境。她在險惡的沙漠中徘徊數月，並回想著自己遭到驅逐的緣由，最後，她來到阿拉伯境內賽博伊人（Sabaean）的農地。

　　精疲力竭的密耳拉懇求神祇們懲罰她並赦免她的罪。於是，神祇將她變成沒藥，密耳拉也於此外貌下流下了悔悟的香淚。

植物神話與傳說

◆

---

[19] 古代猶太人用於禮拜的一種可隨處移動的帳篷。
[20] 古老傳統中，分娩後的女性被視為不潔，需進行取潔禮或宗教淨化儀式。
[21] 聖經記載在耶穌降生那天，有來自東方「三賢士」朝拜祂。

076 水仙花 *Narcissus*

科別：石蒜科　水仙屬
學名：Narcissus

　　水仙花就是神話中的納西瑟斯（Narcissus），他是一名風流倜儻的美男子，雖然深受水澤神女艾可（Echo）的依戀，卻無法以愛回報。女神在失望與落寞中化為一道回音，而置身荒野的人們都能聽到她悲愁的呼喚。

　　但是，年輕的納西瑟斯也遭到了報應：他在一處湖水面瞧見自己的倒影，著迷地側躺在湖畔欣賞那映入眼簾的面容數小時之久。納西瑟斯愛上眼前的泡影，進而廢寢忘食；他的愛如此炙熱，以至於最後因為身體虛弱而亡故；又或者，是不慎跌入湖中溺斃。

　　女神們前來打撈他的遺體準備火葬時，卻怎麼也找不到納西瑟斯，僅有一株搖曳風中的白花，後世稱之為「詩人的水仙花」。由於這種植物廣受神明與人民愛戴，因此水仙得以遍地開花。此外，冥王普魯托（Pluto）也用水仙花誘拐普洛塞庇娜（Proserpine）至冥界；抑或利用水仙花，駑鈍普洛塞庇娜及侍從們的感官，使其陷入昏沉，無從意識到眼前的危險。

　　在希臘人的信仰中，水仙花盤繞在復仇三女神厄里倪厄斯（Eumenides）粗糙的頭髮上；命運女神額間的星形標示抑是水仙花；死者見到冥界的神祇時，手中握著哀悼者向他們道別後，放在他們蒼白掌心的水仙花冠。

　　希臘劇作家蘇福克里斯（Sophocles）筆下的水仙花是奧林帕斯山上的女神之冠，它們恆久綻放，於天堂露水的潤澤下朵朵芬芳，香氣四溢。由於水仙花散發一股不祥的氣息，招致晦暗、瘋狂及死亡，因此希臘人便將水仙花編織在冥界之神與復仇三女神的額間，或把水仙花置於死者棺木。確實，水仙花的名字源自於希臘文的「納希」（narhe），意為「麻醉藥」。

植物神話與傳說

◆

Point

1. 水仙隱含「自戀」之意，與其神話故事相關。
2. 多花水仙的變種水仙是中國十大名花之一。台灣本地並無盛產水仙花，球根主要從中國進口。

077 橄欖樹 *Olive*

　　橄欖象徵安全與和平，不僅因為鴿子銜著橄欖枝回歸方舟[22]；根據《聖經》，古代君主約坦（Jotham）的寓言故事[23]也體現了橄欖的美德。

　　人們使用橄欖油已有數千年歷史，羅馬與雅典地區更是高價出售以橄欖油為基底的香膏。它能使會幕中的燈火徹夜熒動，也是塗抹在祭司與君主頭上的膏油。當兵戎相接的兩國尋求和解時，信使便會攜帶橄欖枝，如同追尋德爾菲神諭（Delphic oracle）的雅典人一樣；或在阿提米絲神廟（temples pf Artemis）內揮舞橄欖枝，以求趨避瘟疫。我們常用橄欖幼苗依附母幹生長的特性比喻「青出於藍，更勝於藍」。

　　橄欖樹為米娜瓦[24]（Minerva）之樹。在羅馬神話中，海神涅普頓（Neptūnus）將鹽泉引入雅典衛城之際，智慧之神米娜瓦則在大地創造了橄欖樹；對應到希臘神話，雅典城之所以稱作雅典，源自於雅典娜與波賽頓（Poseidon）爭奪這座城市的主導權；諸神公告，市民認定誰給予城市的獻禮最有價值，誰就有資格獲得該城的崇敬。於是，海神波賽頓從水中造出了馬，雅典娜則創造出橄欖樹。當熱衷美食的人們品嘗橄欖樹果或將橄欖油淋在沙拉上時，都會默默感謝雅典娜的恩賜。

　　結果，這場爭奪戰由雅典娜勝出，而非波賽頓。雅典城的人民認為，橄欖與城市互為命運共同體，因而以橄欖油作為點亮帕德嫩神殿的燃料。橄欖在雅典城如此受人喜愛，以致城裡處處種植，橄欖樹甚至成為標示莊園邊角或地界的植物。基於人民對橄欖樹的敬重，雅典執政官梭倫（Solon）特此頒布一項種植橄欖樹的法令，奠定了其自由、希望、慈善、祈禱、純潔與秩序的象徵性。

　　延續至今，橄欖的神聖性則為，在雅典鄰國的義大利，人們將橄欖枝插在門上抵禦惡魔與巫師；耶路撒冷聖殿的門、柱與智天使像（cherubim）[25]都用橄欖木製成，可見其重要性。

---

[22] 傳說諾亞帶著家人與動物乘上方舟，洪水淹沒大地後40天放出鴿子確認洪水是否已消褪。最終，鴿子帶回陸地上的橄欖枝，諾亞才率眾回到陸地。

[23] 此指〈眾樹之王〉。

[24] 羅馬神話的智慧女神、戰神與百工守護神。

[25] 「智天使」是超自然的生命體，《舊約聖經》與《新約聖經》皆有提及，在基督各教派則有不同的稱呼與形象。

078 棕櫚樹 *Palm*

科別：棕櫚科
學名：Arecaceae
別名：檳榔科

　　棕櫚樹是猶地亞地區（Judea）的標誌物，該地為羅馬帝國時期的猶太地區，更與帝國統治者發行的猶地亞鑄幣息息相關。對猶太人而言，棕櫚樹象徵勝利，因此人們會攜帶棕櫚枝踩街遊行，並在勝利者面前揮舞樹枝；同時也提醒猶太民族應許之地井水澄澈，先烈們曾為了前往此地而打了一場漂亮的勝仗。

　　的確，相傳巴勒斯坦的國名便源自棕櫚；希伯來文的棕櫚（tamar）音譯為泰瑪，為女性專屬之名，意為優雅與正直。屬於宗教節慶的棕枝主日（Palm Sunday），則是為了紀念耶穌基督進入耶路撒冷。

　　過去，猶太人在其獨特的棕櫚慶典中，會遠離城市一星期，住在棕櫚樹枝搭成的棚屋；家族齊聚一堂，共度美好的歡宴時光。這種住棚節的傳統是為了緬懷先賢們在曠野漂泊 40 年後，終於進入應許之地的經歷。

　　聖人克里斯托福（St. Christopher）有過一段與棕櫚樹相關的事蹟。他在信奉基督教之前的本名為歐菲魯斯（Offero），其身材高大，手持一把棕櫚樹製成的手杖，在河邊幫助嬌小、脆弱之人橫渡波濤洶湧的河，也因此有了背耶穌渡河的機會。然而，令大塊頭歐菲魯斯訝然不已的是，小孩樣貌的耶穌的體重竟然沉甸甸的！耶穌示意他，將手杖插進土裡，若手杖開花，就意味著護送耶穌渡河的重要 性。歐菲魯斯照辦，結果手杖茁長成一顆椰棗樹。

　　剎那間他茅塞頓開，明白眼前的小孩絕非泛泛之輩，不同於平時他協助渡河的孩童；他立刻雙膝下跪，敬拜眼前的耶穌，從此獲得了克里斯托福之名，或稱「背負基督者」（Christ-bearer）。他為沐浴在神聖氣息中而活，最後也因而殉道，最後成為一名聖徒。

植物神話與傳說

◆

172

Point

1. 棕櫚、檳榔、椰子為同科植物，也是三種代表熱帶地區的植物。
2. 棕櫚科植物可提煉棕櫚油，為適合高溫烹飪的油品。

079 三色堇 *Pansy*

科別：堇菜科　堇菜屬
學名：Viola tricolor L.
別名：人面花、蝴蝶花、鬼臉花等

　　美國的三色堇由紫羅蘭演化而來：白色紫羅蘭中間的斑紋經人工栽培而逐漸擴大，變成花瓣上古怪、恍若人臉紋樣的三色堇。

　　一則古老的德國傳說表明，三色堇曾擁有媲美紫羅蘭的芬香，然而，人們熱切地循著香氣找尋三色堇時，無意間踐踏了牲畜食用的青草，甚至殃及人們日常所需的蔬菜。親眼目睹人們渴求導致的破壞後，三色堇遂懇求三位一體消除自身的氣味，使人們不再汲汲營營尋求它的蹤跡。三位一體准許了它的要求，三色堇也獲賜了三位一體的名諱。

　　因此，對修道者而言，三色堇是三位一體之花，或稱草本的三位一體；在凡人眼中，三色堇就是「兜帽中的三張面孔」（three faces in a hood）；在基督教盛行之前的時代，則為眾神之王的花（Jove's flower）；三色堇之於基督教，則變成聖瓦倫丁之花（flower of Saint Valentine）[26]。此外，也有人稱它為「心怡然」（heart's ease）；英文中則普遍稱三色堇為 pansy，發音同於思想（pensee）一詞。

　　在歷史悠久的詩文中，三色堇亦有其他雅致的稱呼方式，諸如：pauses、penses、paunces、pancyes 以及 pawnees，當然，也少不了一些稀奇古怪的別稱，例如：「淑女之花」（ladies' flower）、「風翎之眼」（bird's eye）、「約翰的小粉紅」（pink of my John）、「奇德在街上疾走」（Kit run in the street）、「熾火」（flamsy）、「響我」（cull me）、「呼喚我」（call me）、「繼母」、「姑嫂妯娌」、「愈長愈珍貴」、「快吻我」（kiss me quick）、「在花園門前親吻我」（kiss me at the garden gate）、「擁抱我」、「跳起來吻我」、「在我起床前親吻我」。

[26] 聖瓦倫丁（Saint Valentine）為三世紀的羅馬聖人，有愛情守護者之稱，2 月 14 日情人節的由來據說與他的紀念日有關。三色堇無論在最肥沃還是最貧瘠的土地上均可以生長，而聖瓦倫丁則不分貧富，總是把他的愛情裹賦贈給人們。

080 豌豆 *Pea*

科別：豆科　豌豆屬
學名：Pisum sativum
別名：胡豆、麥豆、寒豆、小寒豆、淮豆等

　　豌豆為一精緻小巧、營養豐富的蔬菜，也是壯盛的老雷神索爾（old Thor）桌上的佳餚。德國人為了紀念雷神，會在星期四（音同 Thor's Day，「索爾之日」）食用豌豆。然而，豌豆卻聲名狼藉，因為聖約翰節前夕（St. John's eve）[27] 點燃的一把火，驅逐了徘徊天際，不斷拍翅向大地播撒疫病的惡龍群；這群機靈的怪物不敢靠近火勢凶猛的山丘，但竟抬起人們儲備的豌豆，將之倒入泉水與井水。一段時間後，豌豆逐漸腐爛，導致臭氣熏天，光聞味道就令人作嘔。

　　過去豌豆曾被用於占卜，可見古代使用豌豆進行儀式的重要性；到了現代，豌豆在珍饈美饌中亦佔有重要的一席之地。蘇格蘭與英國的少男少女遭到拋棄時，旁人會用豌豆葉稈磨蹭他們，以安慰其失戀之苦。

　　當一名屆適婚年齡的少女剝豌豆莢時，若發現一個豆莢中有 9 顆豌豆，便會將此豆莢放在門楣上，然後屏氣凝神注視門口；因為只要對方未婚，也不是她的親戚，那第一個走進門的男性將會娶她為妻。

Point

1. 榮登國人最討厭蔬菜榜首的「三色蔬菜」（玉米、胡蘿蔔、青豆仁）中，綠色的青豆仁，就是來自剝除外殼的豌豆。台灣也有種植。
2. 營養價值豐富，可入菜、燉湯，也是台灣便當菜的常客。

---

[27] 每年 6 月 24 日是天主教的「施洗者聖約翰」紀念日，前一天晚上的紀念儀式則會燃起篝火。

081 桃樹 *Peach*

科別：薔薇科　李屬
學名：Amygdalus persica

　　日本有則家喻戶曉的民間傳說，描述一位老奶奶在河邊洗衣時，滾滾溪流猛然噴濺到她身上，大吃一驚之際，才發現腳邊多了顆大型的粉色球狀物。於是，老奶奶費盡九牛二虎之力，將球狀物搬至岸上，然後赫然發現那竟是一顆桃子；這顆桃子之大，足以讓老奶奶與她的老伴吃上幾天。

　　老奶奶剖開桃子後發現，桃子裡竟住著一名小嬰孩。老奶奶與老爺爺以養父母之姿傾心培育嬰孩，讓他接受完整的教育，這名嬰孩也在兩老悉心照顧下順利成長。長大後的孩子率領部下入侵惡魔島，擊敗島上鬼怪，並將惡魔島上的金銀財寶帶回家獻給老夫婦，感謝他們將他從桃子中取出後，無微不至的照料與愛護。

　　除了有名的傳說故事，瓷器收藏家與其他中國藝術收藏家都將桃子視為裝飾品，卻鮮少人知道，贈送桃子器皿或花瓶，也等於致贈了長命百歲的祝福。因為在中國，桃子象徵長壽，人們會將繪製桃子的器皿或花瓶當作生日禮物送人。

Point

1. 從《詩經》著名的篇章〈桃夭〉推測，早在周朝即有桃樹存在。除了人們熟悉的水果——水蜜桃以外，桃樹樹皮也能萃取出養生甜品「桃膠」。
2. 台灣水蜜桃有高山與平地之分，口感也不同。桃園市的拉拉山地區便因盛產甜蜜多汁的高山水蜜桃而聞名。

082 牡丹 *Peony*

科別：芍藥科　芍藥屬
學名：Paeonia

撰寫《自然史》的學者老普琳尼（Pliny）曾言，牡丹是世界上最早為人所知的藥用植物。閱讀他精彩絕倫的自然史可知，啄木鳥相當喜愛牡丹；若牠看見你正在採集牡丹花，就會飛來啄你的眼。

牡丹之所以永世流芳，源自於太陽神阿波羅的事蹟。他曾化身為一位名叫派恩（Paeon，發音與 Peony 略同）的醫生，醫治許多在特洛伊戰爭受傷的神祇，因此早期的醫療者便稱為 pceoni，而藥用植物則為 paeoniae。同時，稱頌阿波羅之名的讚歌，也讚揚其身為醫治者，給予光、熱及其他福音的美德。因此，牡丹在命名學的世系中列於「高貴」之上，而趨於「神聖」；但儘管如此，它仍在奧林帕斯山引發了衝突與悲劇。

一位名為派恩（Pjeon）的男人（千真萬確有其人，而非阿波羅假扮）為冥王普魯托醫治傷口，但他的成就引起了醫神阿斯克勒庇俄斯（Aesculapius）的忌恨，最終死於後者之手。不過，普魯托也賦予了這名醫師不凡的結局：將他變成醫治患者時使用的牡丹。

盛產牡丹的亞洲則流傳一則故事如下：一名熱愛蒔花弄草的中國文人書生，成天浸淫花香與書海。想當然爾，當一名清麗的少女出現在家門前，要求書生僱她為僕時，他有多驚愕；但他仍欣然接受了少女的請求。

時光荏苒，他歡喜地意識到，這名少女不是單純的僕人，而是志趣相投的夥伴；不僅受過優良教育，知書達禮，文以載道，既是詩人、書畫家，更是朋友。

直到道學家來訪後，美好的生活才瞬間驟變。那天，無論書生怎麼呼喚少女，她都不予理會。於是書生前去尋她，但卻在一處陰暗的長廊看見如鬼魂般飄浮的身影；就在書生即將追上少女時，她卻沒入壁面，變成一張會張口說話的圖畫。

她坦言：「你呼喚我時，我沒有回應你，那是因為我不是人類——我是牡丹的靈魂。是你對花卉的愛使我化為人形，與你相伴的日子多麼愉快。然而，道學家來了，他不會認同你的愛，我也無法維持人形，必須作回牡丹花。」言罷，無論書生如何勸說或懇求，牆上書畫仍逐漸淡化自己的顏色，直到無影無蹤。此後，書生便經常徘徊於長廊，追悼昔日的知心好友。

083 石榴 *Pomegranate*

科別：千屈菜科　石榴屬
學名：Punica granatum

　　石榴在基督教藝術中象徵希望。古代有一派學者認為，伊甸園裡那棵繁盛的生命之樹即為石榴。土耳其有項習俗是，新娘會將石榴重摔在地，並從爆裂果實中掉出的種子數量，預言她將有幾個小孩。

　　然而，亙古流傳的神話裡，石榴是地獄之果，冥王之妻普洛塞庇娜正因食用了石榴，被迫每年得花數個月的時間待在陰暗淒冷的冥界。故事中，當普洛塞庇娜的母親──穀物女神瑟雷斯（Ceres）得知，天神宙斯竟將女兒賜婚給冥王普魯托時，氣急敗壞地出走奧林帕斯山，決定在人間生活；若有人以良善待她，就給予祝福；若有人對她不敬，則回以詛咒。

　　由於瑟雷斯經常懲罰人間百姓，讓宙斯意識到，自己亂點鴛鴦譜有多草率，於是下定決心恢復天界與人間的和平友好。他傳喚冥王普魯托，命他放棄普洛塞庇娜。冥王不敢違逆宙斯，只得自冥界釋放妻子。就在普洛塞庇娜準備離開時，普魯托送她一顆石榴並敦促她吃下；吃了地獄之果的普洛塞庇娜因此持續受到普魯托的欲望支配，也意味著她注定在冬季來臨時遠離溫煦的暖陽，回到冥界生活。[28]

Point

1. 台灣的「番石榴」是桃金孃科芭樂屬植物，俗稱「芭樂」，與紅色的石榴無直接關聯。
2. 雲林縣斗六市有「石榴車站」，便是因有虎尾溪支流石榴班溪流經而得名。
3. 佛教寺廟常以石榴作為因果的寓意。

植物神話與傳說

◆

182

[28] 神話中普洛塞庇娜因為吃了冥界的食物，必須留在冥界，但普魯托自知不能違抗宙斯的命令，因此妥協，讓她一年只須待在冥界數月。至於時間長短，以冥王之妻當初吃了幾顆石榴籽而定，吃一顆就是待一個月，但確切數字各個神話版本說法略有不同，大致上為三個月至半年。據說這就是季節遞嬗的由來。

白楊樹 *Poplar*

科別：楊柳科　楊屬
學名：Populus

　　說到與白楊樹相關的希臘神話，則不得不提法厄同（Phaeton）的故事。法厄同是太陽神之子，獲得了駕馭父親烈焰戰馬的機會；但他卻無從駕馭，在航道上七彎八拐、上下飄移，導致戰馬的火焰燃燒大地，萬物炙熱無比；不僅尼羅河枯竭，還害死了不計其數的人類。此時，聽聞人們苦痛哀號的宙斯便召喚閃電，擊中戰馬上那無能的駕駛；於是，法厄同便在電光中掉進了艾瑞丹諾斯河（Eridanus）㉙。

　　他的妹妹赫利阿得斯（Heliades）得知後，領著其他姊妹奔向哥哥墜河處，她們愴然淚下，滴落河中的眼淚變成金色水珠，今稱為琥珀；經過一段時間後，這些河邊的悼念者紛紛轉化為能產出珍貴樹膠的植物——白楊樹。

　　另一則故事則顛覆了湯匙為近代發明的認知。神話裡的眾神之王宙斯遺失了一些銀湯匙，他有充分理由相信，湯匙不是掉到樹上，就是被某棵樹藏起來了，於是請信使蓋尼米德（Ganymede）幫他尋回失物。蓋尼米德先去詢問橡樹，被冒犯的橡樹怒火蒸騰地答說：「我哪知道什麼湯匙！我身上的片片綠葉皆是寶石，還擁有上千銀杯。堂堂樹之王，豈會是偷兒！」蓋尼米德趕忙道歉，接著再向樺樹打探湯匙的下落。

　　「我渾身皆銀，」雪白的樺樹答道。「既已擁有，何必覬覦他人之物？」這名為眾神斟酒的信使請求樺樹原諒，繼續探詢銀湯匙的消息。

　　一路上，山毛櫸以刺人的果殼扔向他；榆樹作勢壓爆他的頭；樅樹狂暴地對他發射毬果，最後，他來到白楊樹前提出疑問。白楊樹訝然反問道：「為何誣賴我偷藏宙斯的物品呢？你看，我身上什麼都沒有。」言罷，白楊樹晃動枝枒，以示清白。

　　然而，當他抬高樹枝，銀湯匙卻叮噹作響地掉落在地，暴露了小偷的身分。蓋尼米德拾起臟物，匆匆趕回奧林帕斯山，徒留因事跡敗露而顫抖不已的白楊樹。眾神之王為譴責白楊樹偷竊與欺騙之舉，懲罰它永遠高舉雙臂。

　　㉙ 冥界的河流。

Point

台灣白楊樹生長速度快，
有抗風、抗蟲等易於種植
的特性，因此部分地區會
將楊樹當作減碳的景觀樹
大量種植。

085 罌粟花 *Poppy*

科別：罌粟科
學名：Papaveraceae（罌粟科）

在發現新大陸之前，搖曳糧田中的璀璨罌粟，普遍被認為是雜草及代表惡兆的花卉，因它艷紅的身姿讓人聯想到鮮血。

當羅馬君主塔克文·蘇佩布（Tarquinius Superbus）攻克某座城市，其子詢問他，該如何處置當地的人民時，罌粟花就成了死亡的象徵；塔克文沉默不應地走進花園，一刀斬斷最大棵的罌粟花，表示贊同屠殺菁英與最有影響力的公民。

另外，在穀物女神瑟雷斯的女兒普洛塞庇娜遭冥王普魯托擄走的神話中，瑟雷斯為找尋女兒而翻遍整座西西里島；她爬上艾特拿山（Etna），點燃山頂的火炬，以在夜晚搜索女兒的蹤跡。看著如此卯足全力仍力有未逮的瑟雷斯，諸神便施法讓罌粟花接二連三在她腳邊綻放。

瑟雷斯好奇罌粟花團簇盛開的涵義，於是跪坐下來想瞧出個所以然來，她因此吸入了令人昏沉想睡的苦味，恍惚間還將種子塞入嘴裡；很快地，她的身體逐漸放鬆，恰好使疲憊不已的她得以充足休憩。因此，人們將罌粟花獻給亡者的理由很微妙，因它象徵睡眠。同時，罌粟花是生長於穀物中的花卉，而古人為穀物女神瑟雷斯繪製了以麥穗與罌粟花妝點頭髮的形象，並將罌粟花獻給她。

同時，罌粟花也附屬於維納斯女神；因維納斯主宰「生產」，而種子繁多的罌粟花則是「多產」的代言人。它還有個詭譎的別稱——「開裂的玫瑰」（cracking rose）：意即人們可透過拍擊掌心的罌粟花瓣確認戀人是否忠誠；若花瓣破裂，表示另一半有二心；若花瓣完好且拍擊過程中聲音響亮，那你就可以安心了。

> **Point**
>
> 1. 罌粟科罌粟亞科開花植物的泛稱。
> 2. 罌粟花多作為觀賞植物，此外，也因做為鴉片原料而出名。基於相同原因，台灣目前仍未開放合法種植罌粟，也禁止進口其種子。

086 南瓜 *Pumpkin*

科別：葫蘆科　南瓜屬
學名：Cucurbita

　　印度有位名叫萊亞（Iaia）的賢士，只熱衷於靈性追求，以致他的獨子因病去世時他手足無措，不知該如何是好。

　　數日後他才意識到，最好將亡兒的屍體移至他處，於是竭盡所能地找來一顆超大南瓜，將遺體放入其中，並運送至不遠的山腳下。一陣子後，他再度造訪此處。然而，當他開啟南瓜蓋時，接下來的一切都令他驚愕：魚群與幾隻鯨魚從南瓜中游出！豐沛的水源跟著海洋生物傾瓜而出，水生動物只能順著水流游走。

　　驚訝之餘，賢士立刻向海邊的居民訴說這個異象。四名兄弟聽聞消息，趕忙跑到小山丘，想捉魚果腹。擔心兄弟四人傷害南瓜的萊亞也追了上去。然而，當兄弟們發現南瓜，興奮地將之捧起時，卻看見了跟隨其後的萊亞；他們一不留神，將南瓜摔成七片，每片南瓜噴湧而出的水都流成一條河；不僅淹沒大地，且至今仍未消褪，還成為當今我們熟知的七大洋。

　　這是其中一個詭譎的史前大洪水傳說版本。也許，如此重要意義就體現在中國人對南瓜的尊敬中吧。人們稱南瓜為「菜園裡的皇帝」，也象徵「家門興旺」、「健康」及「財富」。

Point

1. 台灣南瓜的別名為「金瓜」，外型為金黃色葫蘆狀；另外還有綠色扁平狀的栗子南瓜。
2. 萬聖節常見的南瓜燈，則以西洋南瓜為主。

087 蘿蔔 *Radish*

科別：十字花科　蘿蔔屬
學名：Raphanus raphanistrum subsp. Sativus

　　相傳德國某些家庭裡有這項習俗：頭戴藍花蘿蔔製成的冠冕，可保佑你事業順心，因它抵禦了女巫或巫師的咒法與邪眼，使其無從攪和你美好的日子。在美國，蘿蔔似乎從未獲選為詩歌歌頌的對象，也沒有自己的象徵意涵；僅是作為開胃菜，在主食與肉品之前讓人淺嚐即止。

　　然而，在富含想像力的德國可就沒這麼簡單，蘿蔔是眾多傳奇故事的靈感來源，其中一則最古老的傳說來自德國的盧貝扎赫爾地區（Rübezahl）。蘿蔔精靈盧貝扎赫爾不僅尖酸刻薄還暴躁易怒，可說是最不討喜的生物了。

　　他擄走公主並將她囚禁在城堡內，且強迫公主聆聽他的愛情經。公主懇求盧貝扎赫爾設法排解她的孤寂感，蘿蔔精靈於是掏出魔杖、觸碰了一些蘿蔔，使其轉換成人類的身姿，然而，如同蘿蔔葉過了一段時間就會枯萎，其維持人形的時間也有極限。

　　當陪伴她的人形蘿蔔逐一逝去，公主再向盧貝扎赫爾乞求夥伴時，盧貝扎赫爾為展現自己的力量，將一棵蘿蔔變成了蜜蜂。公主在蜜蜂耳邊低語，訴說自身困窘的遭遇，而後將蜜蜂放生，好讓牠向存在於遼闊大地的人間伴侶通風報信。

　　然而，蜜蜂一去不復返。

　　接著，又一個蘿蔔變成了蟋蟀，公主也將牠推出窗外，好讓蟋蟀將消息捎給她的戀人。從此，公主再也沒見過蟋蟀的蹤影。

　　盧貝扎赫爾的糾纏從未停歇，公主哀求對方計算還剩多少蘿蔔可以陪她。蘿蔔精靈沒有拒絕，但就在他清點蘿蔔數量之際，公主搶過魔杖，將其中一個蘿蔔變成馬匹，往戀人所在之處奔馳而去。

Point

1. 胡蘿蔔的名字中雖有蘿蔔，外型也類似白蘿蔔，但二者為完全不同的植物。
2. 白蘿蔔又稱菜頭，也因為與「好彩頭」諧音雙關，因此是吉祥的植物。

088 玫瑰 *Rose*

科別：薔薇科　薔薇屬
學名：Rosa

　　說到與玫瑰相關的印度神話，就會想到吉祥天女拉克什米（Lakṣmī）。故事中，當毗濕奴為了消卻正午蒸騰、漂浮水面的熱氣時，他身旁的一株蓮花正緩緩舒放自身花瓣。待花朵完全舒展開來，就能看見在裡頭把玩花絲的梵天（Brahām）。

　　自此，二神談起花朵的相對優點。梵天自蓮花中站起，宣稱蓮花是至高無上的自然之美；毗濕奴則不以為然地說道：「在我的天庭中，還有一種比蓮花甜美千倍的花卉。不僅香氣宜人，勝過萬紫千紅，顏色也如月亮般潔白無瑕。」

　　梵天聽了，便譏笑他說：「你要是能證明你說的是實話，我就放棄我在三相神中的地位，而你將成為至高神。」

　　於是，毗濕奴帶領梵天進入他的天庭。坐騎才剛抵達門前，梵天就迫不及待地想看毗濕奴如何證明自己的誇耀之詞。他們穿越珍珠母裝飾的走廊，來到一處庭院，院中矗立著一棵僅開一朵玫瑰花的樹。這朵花是何等巨大，潔白猶如喜馬拉雅山的皚皚細雪，散發的香氣類似祭壇前的芬芳，甚至有過之而無不及。

　　「宇宙天地間最美的事物，非它莫屬。」毗濕奴說。

　　然而，毗濕奴的話語馬上被推翻了。隨著玫瑰花瓣綻放，比花朵更窈窕美艷的拉克什米自花中緩步走出。

　　「我被派來成為你的妻子，」她語氣柔和地說。「因你獨鍾玫瑰，我也將鍾情於你。」毗濕奴將拉克什米擁入懷中，一旁的梵天鞠躬作揖，語氣難掩驚艷地道：「如你所言，從今爾後毗濕奴就是至高神，正如你庭院有玫瑰，而玫瑰之美位居百花之巔。」

　　拉克什米是擬人化的玫瑰，與羅馬尼亞的玫瑰傳說有異曲同工之妙：故事裡那株玫瑰的美麗為自然界之最。花心萌發出的巨大花苞，綻放後，誕生了一位俊美絕倫的王子——特蘭達菲（Trandafir，羅馬尼亞語的「玫瑰」）。

王子同凡人般長大成人，然後參與公共事務；但其血液中仍流淌著玫瑰花液，他渴望嬰兒時期的寧靜祥和。他想利用自己的俊麗助人，但事實上，卻在美貌引發的戰爭與掠奪中為傷害他人而活。最後，特蘭達菲回到自己的出生地。

他獨自一人佇立樹林，對著滿園綠木問道：「我也屬於這片森林。請問我出生的那棵大玫瑰在哪兒呢？」樹木們紛紛回應他，說那株玫瑰已枯萎死去；特蘭達菲轉而詢問飛鳥，鳥兒也說不記得有這回事——除了一隻夜鶯之外。

「玫瑰已然逝去，」牠以歌聲回答。「我在它曾峨巍聳立之處，為它詠唱一曲輓歌。那是多麼高貴的植物呀，它的一朵玫瑰孕育了一名王子。」

「我就是那名王子。」特蘭達菲趕忙說。「我厭倦了人類的生活，想回到芳香四溢又平靜的日子。沒有任何生命會因我的存在而受威脅，世界也會在我消逝後變得更美好。」

夜鶯再度回應他：「如你所願，王子。我會留在這兒，直至你的靈魂在我的歌聲中變回玫瑰。」

特蘭達菲終於鬆了一口氣，往自己的誕生處撲躺而去。入夜後，夜鶯開始啼唱，起初輕柔婉轉，接著愈發高亢、悅耳動人。樂音交織著王子的夢想，人間回憶也逐一浮現；特蘭達菲緩緩沉入綠地，四肢逐漸延展成根杈，並向四面八方扎根。他的雙眼直勾勾盯著頂上的天空，罔顧腳下的地；破曉時分，此處長出了一株玫瑰花（特蘭達菲）。

另外，希臘神話中，當愛神阿芙蘿黛蒂聽聞阿多尼斯（Adonis）的慘叫，向摯愛奔走而去時，玫瑰花刺傷了女神的腳。花兒為此感到羞恥難耐，全身變成了羞赧的紅色。

Point

1. 玫瑰可說是世界上最著名的觀賞植物，其種類、朵數、顏色都各自有其代表意義。台灣最大的玫瑰產地為南投。
2. 因香氣濃郁宜人，而常被製成香氛、香水等產品，亦是著名花草茶原料。
3. 從中醫觀點來說，能夠緩解胸悶、腸胃不適與憂鬱情緒，亦有調理月經的功效，但要注意個人體質是否適合。

089 迷迭香 *Rosemary*

科別：唇形科　迷迭香屬
學名：Rosmarinus officinalis

迷迭香（Rosemary）的英文名中雖有「玫瑰」（Rose），卻與玫瑰無關，字尾雖為「瑪莉」（Mary）也不是獻給聖母瑪利亞的植物。它天性親水，因此得名於拉丁文「海的露水」（ros marinum）。

古羅馬人將迷迭香用於裝飾及各式儀式，例如：為晚宴賓客配戴迷迭香的冠冕；在葬禮中使用它；編成花環獻給家中神祇，或燻它的煙淨化羊群。他們也相信，迷迭香的氣味有助於保存死者遺體，而長青的綠葉則象徵「永恆」。出於這兩個原因，人們會在墳墓附近種植迷迭香。

英格蘭北部或許還保有這樣的習俗：送葬隊伍配戴迷迭香，並於儀式中將小迷迭香枝拋進墳裡的棺木上。具有紀念意義的迷迭香，也成為新娘花環的一部分。

在西方，當一年中最熱鬧歡騰的聖誕假期來臨，人們會利用迷迭香裝飾家中門面，或用於裝飾烤肉、公豬的頭及酒宴的碗；目的可能是為了紀念迷迭香樹張開雙臂，為聖母瑪麗亞與聖嬰提供藏身之處，以躲避希律王（Herod）派來的追兵。當然，松樹與其他樹木也有其保護聖母的傳說。

此外，也由於瑪麗亞將聖嬰的麻布衣晾曬在一株迷迭香上，迷迭香便選在耶穌受難日這天開花，以示紀念。

在義大利西西里島，則傳說一群偽裝成蛇的仙女，在迷迭香叢下相互依偎。但這沒有影響到人們種植迷迭香的意願，即便在修道院的花園也可見其蹤跡。迷迭香也因其藥用價值而備受珍視。想青春永駐嗎？用迷迭香混和芸香、鼠尾草、馬鬱蘭、茴香、木瓜及失傳的配方（真是太可惜了），就能調配出不老妙藥囉！

對自己的未來甚感興趣的少女，也能按以下指引試做看看：將迷迭香裝入混合葡萄酒、甜酒、杜松子酒、醋及水的玻璃容器中，在聖瑪格達琳夜前夕（St. Magdalen），找來其他兩位未滿 21 歲的少女，將迷迭香枝綁在胸前，啜飲三口迷迭香混和液（啜飲就好喔），三人不發一語地躺上同張床休息，然後就等著做預知夢吧！

Point

1. 迷迭香產於地中海盆地，
   台灣也有種植，但因平地
   較熱，生長速度較慢。

2. 迷迭香葉為地中海料理
   中不可或缺的香料，能
   增添食物風味，也常拿
   來泡花草茶。

090 鼠尾草 *Sage*

科別：唇形科　鼠尾草屬
學名：Salvia officinalis

　　據説，聖母瑪利亞在躲避希律王的追捕而逃入埃及之初，曾向鼠尾草尋求庇護。鼠尾草的綠葉散發輕柔薰香，就是聖母因感謝它而賜予的祝福。

　　而後有則傳説，或許源自於基督教前的太陽或季節神話；故事中的鼠尾草被描繪成一名住在橡樹洞裡的女神，樹旁有片黃水仙漫開的池塘，讓相鄰的鼠尾草女神其嬌羞美貌頓失光彩。

　　但女神從未萌生分毫嫉妒，她凝視自己照映在池水鏡上的面容，毫無一絲自傲之心，只是打從心裡欣賞、熱愛這片森林的花草樹木。

　　長久以來，她過著自適自在的生活，從未見過人類。直到某天，號角聲挾著獵犬嚎叫，劃破森林的寧靜：國王騎著馬來打獵了。

　　當他造訪鼠尾草女神佇立的橡樹，瞬間折服於她端莊質樸的美麗之下。鼠尾草愛上凡人，注定邁向死亡[30]；然而女神用情至深，自與年輕國王相遇後就無法自拔，甚至不懂如何抗拒。國王向女神傾訴愛意，女神也毫無保留地自白。

　　「美好時光已不回頭，但孤獨仍然美麗。」她説，「我們一同待在這兒，與你同在使我心歡愉。若要我回應你的愛，答案會是——『我願為你燃燒生命』。」

　　國王並未理解女神的話中真意，他熱情如火地將她擁入懷中。鼠尾草女神回應了他的擁抱，然而，她的手臂卻倏地放鬆，頭部低垂於一側。

　　國王急忙將女神抱到岸邊，不斷打水往她的身上淋去，試圖讓她回復原狀；但烈火般濃烈的熱情超乎脆弱的鼠尾草所能承受，她已然枯死。最後，國王哀戚地離開傷心地。

　　這是一則頗富詩意的故事，描述了鼠尾草熱愛陽光，並在授粉後於高溫蒸騰中枯萎的特性。

植物神話與傳説

◆

---

[30] 鼠尾草本身因冥王之妻的詛咒，只要愛情過於濃烈、引發欲望，就會導致「慾火焚身」。

091 吉貝樹 *Silk Cotton*

科別：錦葵科　爪哇木棉屬
學名：*Ceiba pentandra*
別名：吉貝木棉、爪哇木棉、美洲木棉等

中美洲坊間流傳著一則與吉貝樹相關的邪靈故事，述說與壞巫師結盟的邪靈，會偷走人們的影子，無論男女。失去影子的人會日漸衰弱，身軀也逐日消磨，最後只會有一個下場——死亡。

遭竊取的影子會被藏匿在吉貝樹中，但基本上不會被發現；因而，一棵樹裡可能塞滿了許多邪靈偷來的影子。在萬籟俱寂之時，都能聽見影子們在樹葉間竊竊私語、簌簌交談的聲音。

中美洲的樵夫鮮少拿斧頭砍吉貝樹，除了怕誤傷樹上的幼蟲，也擔憂砍伐樹木，會讓樹幹中的影子有機會鑽入他的鼻孔，占據他的靈魂。

住在圭亞那地區（Guyane）的加勒比人（Caribs）與印第安人有則傳說如下。民俗學家認為，吉貝樹可能與北歐的世界樹（Ygdrasil of the Norsemen）相關。據說，上帝創造了一棵雄偉巨樹，樹上碩果纍纍，諸如：香蕉、玉米、木薯、馬鈴薯、山藥及所有益於人類的果實。

而後，天空傳來一道命令，要人們砍下這棵巨木。人類耗費十個月，終於完成任務；樹木倒下時，也引發了轟然巨響。在「天之音」指示下，人們拾起樹葉與木頭破片，將其種植在肥沃的泥地裡。結果，萌發的植物與母樹截然不同，而是香蕉樹、山藥、玉米、芒果樹與椰子樹。

這棵神話般的樹興許就是吉貝樹，因其正是全能上帝之所在。它的樹枝高聳入雲，人類為其嫩枝與樹皮變成，而鳥獸、魚類及爬蟲類等動物亦然。

Point

1. 可栽植於庭園作為觀賞植物或行道樹。木材質地輕軟，可製箱櫃、家具等。此外，木棉樹的根及葉可入藥。
2. 花朵艷紅，知名民謠《木棉道》歌詞中描述的，正是木棉花盛開時，整棵樹彷彿被火燒得艷紅的模樣。

曼陀羅花 *Stramonium*

科別：**茄科　曼陀羅屬**

學名：Datura stramonium

曼陀羅花是種令人費解的植物，俗名為「詹姆斯野草」（jimson weed），因其生長足跡廣布於美國維吉尼亞州的詹姆斯鎮（Jamestown）。當地曾有些英國殖民者認為曼陀羅花的種子能吃，於是將它吞下肚，結果卻做出一些滑稽怪異之舉。

在嚴謹的植物學裡，曼陀羅花稱作「Datura Stramonium」。美國西南部地區的印第安族群格外重視其藥用價值，發掘了其他城市專業人員沒發現的藥性；祖尼人（Zunis）將曼陀羅花用作麻醉藥與止痛劑，敷在表皮割傷、瘀傷的患處。

最常見的藥用形式是將植物的根與花磨成粉。夜晚時分，當祈雨祭司（rain preiests）前去祈求鳥兒們為雨露啼唱時，嘴裡會含些藥粉。他們深信，這麼做有助於消除鳥兒對人類的恐懼。

同樣地，一般人請亡靈幫忙祈求天降甘霖時，也會嚼一塊曼陀羅花的根部；然而，這塊根需由祈雨祭司或特定團體（Little Fire Brotherhood）提供，這樣才夠神聖。此外，祭司也能給予因竊盜而財損者一些曼陀羅花，受害者會在幻象中看見偷盜者的身影，並在隔天指認出犯人。

在祖尼族的傳說中，曼陀羅花的原型是一名男孩和一名女孩。眾神開會時，頑皮的兩人在開會的場所遊蕩，還七嘴八舌地對母親述說所見的珍奇事物，惹得神祇們十分不快。好奇心與聒噪導致他們雙雙被神祇變成植物，結果人們一旦食用曼陀羅花，就會為孩子們的見聞發聲。

植物神話與傳說

◆

Point

1. 曼陀羅為中醫藥材，主要能緩解哮喘症狀，或作為止痛劑、麻醉劑使用；此外也是強烈的迷幻劑。整株植物都有毒，若誤食會引發幻聽、幻覺。
2. 台灣時而有民眾將野地裡的大花曼陀羅誤認為青菜，並在烹飪後食用，結果導致中毒。

093 草莓 *Strawberry*

科別：薔薇科　草莓屬
學名：Fragaria × ananassa

　　斯威夫特（Swift）曾言：「上帝絕對有能力創造一種比草莓更香甜的莓果；顯然他沒有這麼做。」草莓是芙蕾雅（Friga）女神[31] 的神聖象徵。此外，當新興宗教傳播至歐洲北部，「聖母」便從早前的異教徒繼承了草莓的權力。確實，人們普遍認為「聖母」對草莓情有獨鍾，甚至要求所有草莓都應歸她所有。

　　因此，倘若一名嘴角沾著草莓漬的母親來到天堂門口，「仁慈的聖母」（Mother of the Merciful）會讓她遭受永世的折磨，因這位母親侵犯了她的草莓田。另一個不該食用草莓的原因，則因為嬰兒會偽裝成草莓以進入天堂。凡人壓根兒不知道，吃草莓是同類相食的殘忍之舉，所以避免誤食的最佳方法就是拒吃。

　　然而，與聖母年代相同的「施洗者約翰」（John the Baptist），卻無懼地以草莓維生。葡萄牙傳道士唐・約翰（Don John）為表示對其欽佩之意，效仿許多英國貴族，用金黃色的草莓葉點綴其冠冕。

> **Point**
>
> 1. 台灣的草莓約於日治時期引入，而後，苗栗縣大湖鎮成為全台最知名的草莓栽培地，更建造亞洲首座草莓製酒廠。
> 2. 目前全台主要常見品種有豐香、香水、戀香、紅顏四個品種。

[31] 北歐女神，為愛神、戰神與魔法之神，其象徵物是獅子與草莓。

094 甘蔗 *Sugar Cane*

科別：禾本科　甘蔗屬
學名：Saccharum

　　甘蔗汁製成的雪白糖晶，在家家戶戶的餐桌上閃耀光輝；但對某些甘蔗產地而言，它可是奢侈品。你可曾看過嚴肅的東方人邊走邊啃甘蔗或騎馬嗎？或那種試圖弄來兩、三根甘蔗，盡情吸吮其糖液的男孩？甘蔗受歡迎的程度無種族之分，從格陵蘭島至牙買加皆同；好比在物質豐饒的地區，衣衫整齊的孩子們也喜歡舔弄棒棒糖一樣。

　　信奉印度教的農人會焚燒收成後剩下的甘蔗，獻祭給植物之靈納格貝勒（Nagbele），其中一個原因是不讓甘蔗在此季節結束前開花；甘蔗開花不僅不美，還是個壞兆頭，代表種植甘蔗的那戶人家將舉辦喪事。

Point

1. 甘蔗是蔗糖的主要原料，也是全世界產量最大的農作物之一，分布於溫帶至熱帶地區，台灣亦有種植。
2. 甘蔗是日治時期台灣最重要的經濟作物之一，種植區域分布在西部平原，當時為了載運甘蔗而興建多條糖業鐵路，例如高雄橋頭線鐵道。
3. 甘蔗汁有止咳化痰之效，也能養顏美容。

095 向日葵 *Sunflower*

科別：菊科　向日葵屬
學名：Helianthus annuus
別名：向陽花、朝陽花、日頭花

　　別稱為「向陽之花」的植物不少，像菊花、蒲公英、美女海倫與特洛伊王子帕里斯（Paris）私奔時攜帶的土木香，以及在美國人的農場盛開，那真誠、粗鄙又自信過人的向日葵，都讓人聯想到太陽神。

　　向日葵的學名為「Helianthus annuus」，由於總是面朝太陽，普羅大眾更習慣叫它「向日葵」；但其實，是笨重的花和僵直的莖使其難以動彈。另外，因為向日葵是美國植物，所以古羅馬詩人奧德維（Ovid）歌頌的「向陽之花」，應該不是向日葵；也可想見，希臘神話中苦苦追求太陽神的克莉緹（Clytie），最後淒苦地死在沙漠，轉化成一朵向日葵——這朵花應該比美國的品種還要質樸。

　　美國大向日葵的球狀花形顯然象徵光亮，因此深受祕魯的太陽崇拜者崇敬；太陽神廟裡的女祭司們會配戴黃金打造的向日葵。西班牙來的侵略者見獵心喜，立刻將其眼中的異教徒所持之物據為己有，不從者格殺勿論。

植
物
神
話
與
傳
說

◆

Point

1. 葵瓜子就是向日葵的果實及種子，通常會與鹽巴一起乾炒，然後做成零食；或榨製成健康的葵瓜子油。
2. 台灣西、北部地區有不少向日葵觀光勝地，花期為每年 5 月至 10 月。

096 薊 *Thistle*

科別：菊科　薊屬
學名：Cirsium

根據一則希臘神話，達菲尼斯（Daphnis）不僅是一名牧羊人，還身兼音樂家、詩人與獵人等身分。他亡故後，大地女神為表達對其愛意，在悲慟中創造了薊。

不過呢，當場景轉換至歐洲，薊則與雷神索爾有關。相傳雷神會保護薊與身上配戴薊的人，且稱呼這種多刺植物為「閃電」。

在豐富多彩的德國民間傳說裡，有則關於薊的鄉間故事。有名商人行經偏僻荒涼的鄉下地區，那天剛好忘了配戴薊，半路上，他與一名農夫錯肩而過。農夫注意到這名陌生商人的行頭與行李，頓時被羨慕、仇富之情蒙蔽雙眼。當他看到路上除了兩人外別無他人，便心生歹念、襲擊了商人，將其置於死地。

離世前，被害者目光凌厲地盯著農夫，用最後一口氣警告他說：「薊將出賣你。」無論商人所言為何，聽在農夫耳中都是不屑一顧的廢話。他搜刮了商人的錢財後，便逃之夭夭。

眾所周知，財富不會使人滿足。農夫則變得相當沮喪，成天疑神疑鬼、惴惴不安，一方面不敢花用不法之財，另一方面擔憂這筆財富會引來其他小偷。他的鄰居還發現農夫不喜歡薊，因他穿越田野時，總刻意避開薊生長的地方，深感疑惑的鄰居於是詢問農夫原因。

「我不敢講；薊也不會說。」他回答。
「薊跟你有什麼關係啊？」鄰居持續追問道。

最後，農夫在懊悔與恐懼的折磨下精神崩潰，他認了罪，被判處絞刑而死。有趣的是，在梅克倫堡（Mecklenburg）的兇案現場，薊從商人遭殺害之處萌發，它的花苞與樹枝都像極了人類的頭、臂膀及手。

此外，傳說查理曼大帝（Charlemagne）之所以名垂千古，多虧一種名為「卡琳納薊」（Carline thistles）[32]的植物。當時，查理曼大帝在征戰中遭逢瘟疫，擔心士兵們因病去世會影響他征服歐洲的大業，因此誠心誠意祈求上天幫助。爾後，一名天使自天堂降臨，吩咐查理曼大帝朝遠處拉弓，而他將在弓箭落下處找到一種能減緩疫病的植物。之後，弓箭指向了一株卡琳納薊。人們於是將之煮熟、供病人服用，迅速治好了染病的患者。

植物神話與傳說

◆

210

---

[32] 實為刺苞菊屬植物，以「卡琳納薊」（Carlina thistles）之名為人所知，與薊同為菊科植物。

097 鬱金香 *Tulip*

科別：百合科　鬱金香屬
學名：Tulipa

　　英格蘭的德文郡（Devon）有則關於鬱金香的民話，述說著沒有足夠搖籃的小精靈們，將自己的孩子放在盛開的鬱金香裡，讓微風替其撫動鬱金香搖籃。一名婦女提著油燈走入她的花園，發現沉睡在花瓣中的小小精靈後煞是驚喜，於是她為精靈們種下更多鬱金香，很快地，精靈們便不再為搖籃所苦。

　　月夜下，婦人會偷偷潛入花園，瞧瞧小寶貝們蜷縮在絲綢般柔軟的花萼裡，隨清風搖曳的光景。精靈們對婦人相當警戒，但意識到其所作所為皆是為了幫助他們後；為了回報她的良善，便讓滿園鬱金香開得更加燦爛，並賦予其玫瑰般的甜美香氣；甚至為婦人與她的小屋獻上祝福，讓她一輩子幸福美滿。

　　然而，婦人離世後，一名苛刻愛錢的俗人占據了她的屋子，隨即摧毀了他眼中毫無經濟效益的花園；曾經的繁花似錦而今徒留遍地西洋芹。住在此地的小小居民們大為光火，每當黑夜來臨，他們便呼朋引伴、走出森林，在西洋芹上載歌載舞，肆意破壞植物的根莖，還將泥土傾倒在花朵上。

　　結果數年來，沒有任何植物能在這片土地上豐饒成長，西洋芹的葉子還長出難看的穗緣，如同當今我們所見。但花園裡的一處例外──婦人的墓永保新綠。墳前有一簇飽滿艷麗、香氣宜人的鬱金香，即便其他花卉皆枯萎，它卻持續綻放光彩。

　　歲月如梭，後來，一群沒有美感的人來到此地，結果森林消失了，墳墓在你來我往的踩踏中被夷平，花園也遭破壞，小精靈們於是搬遷至山上的堡壘。此後，便再也沒有大朵且色彩繽紛、香氣四溢的鬱金香了。不過幸好，它們還保有一絲足以讓園丁都愛上的美麗。

> *Point*
>
> 1. 鬱金香為荷蘭國花。
> 2. 台灣最早於日治時期從日本引進，並作為觀賞植物栽培，近幾年來的每年二月下旬，士林官邸都會推出鬱金香展覽。

098 核桃樹 *Walnut*

科別：胡桃科　胡桃屬
學名：Juglans regia

　　希臘人認為，核桃樹是波斯之樹（Persian tree），也是高貴之樹，因此將它獻給月亮女神黛安娜，或在核桃樹下為女神舉行宴會；再者，如同古羅馬人賦予核桃貞潔之意及多產的象徵，人們會在婚禮撒核果祝福新人。

　　後來，鄉間常有人會拿核桃算命，因為精靈（通常是惡靈）會潛伏在核桃樹枝中；食用核桃的人命運也會因此產生變化。

　　相傳古羅馬有棵核桃樹，夜晚時會住滿愛調皮搗蛋的精靈，進而成為眾矢之的。幾世紀前，人民決議砍下它，並在原址建造一幢「人民聖母聖殿」（Santa Maria del Popolo）。

　　大眾普遍認為，核桃樹葉與樹皮皆有侵蝕性，對其他農作物有害，特別是秋收時節，它凋落的樹葉會危害底下的草皮與植物；如此毒性也讓核桃樹聲名狼藉。尤其在早期的英國，農民對核桃抱持敵意，認為其不僅會妨礙樹下植物與草類生長，還會導致周圍的蘋果樹枯死。

　　然而，還有某些國家的農夫會圍著核桃樹，拿棍棒敲擊它；若你問他們這麼做的目的時，他們則會回說，這是為了讓產量增加。如同俄國存在著一句俗諺：「核桃樹愈打愈豐碩。」

Point

1. 核桃是胡桃屬植物的核果，常有人將之與胡桃搞混。核桃顏色較淡，且形狀接近人的大腦。
2. 可入菜，但較常用於製作巧克力等甜品。
3. 台灣的野生核桃樹品種不具經濟價值，食用核桃多仰賴國外進口。

099 睡蓮 *Water-lily*

科別：睡蓮科　睡蓮屬
學名：Nymphaea
別名：睡蓮

　　有個碧波蕩漾的湖名為「群星之湖」（the Lake of the Clustered Stars），後來改稱「塔珀湖」（Tupper's Lake），但無論取什麼名字，這片湖水始終一樣美麗。

　　在這群山圍繞的湖岸上，住著賽拉奈克人（Saranacs）。威爾塔（Wayotah）[33]為一族首領，奧賽塔（Oseetah）[34]則是族中最美麗動人的少女。

　　奧賽塔愛著那身材高大健壯的首領，沉浸在他對戰爭的夸夸而談中；然而，她的父母卻已將她許配給一位年輕且不那麼好戰的男人。對此，她自認需服從父母的安排，不能聽從自己的意願。因而即使威爾塔苦苦追求她，她總是淚流滿面地迴避，而他也從未放棄。

　　直到威爾塔成功戰勝塔哈維人（Tahawi）凱旋歸來，便划著獨木舟渡過湖面、前去追尋她。當威爾塔試圖擁抱她時，她躲開了；當他希望她高歌一曲，她保持沉默；他的心變得更加急切了。他伸出雙臂向她慢慢走去，但她卻跑到湖邊的岩石上回望他，用眼神向他傾訴愛意，但也一面舉起手，警告他不要靠近。

　　威爾塔不理會警告，依然笑著朝她走去，試圖抓住她的手。最終，威爾塔還是來不及發現她的意圖，奧賽塔便躍入湖中，被湖水淹沒。

　　這位年輕首領心焦如焚地跳入湖水救她，奇怪的是他一無所獲，完全找不到奧賽塔的蹤跡。她像雨滴落在溪流中一樣消失無蹤。經過漫長的等待和搜索後，他回到自己的村莊，並將此事告訴他的村民。人們為此哀嘆良久，而當這名女孩的父母聽聞消息，也感到悲痛萬分。

　　第二天，一位獵人面帶驚奇地奔向村莊。「有花從水裡長出來了！」他喊道，人們爭相前往察看。一艘艘獨木舟快速划向榆樹島，人們眼中所見，也正如獵人所說：湖泊滿是白色和金色的花朵，空氣中瀰漫著芬芳。

　　「昨天不是這樣，」男人們叫道。

　　「請告訴我們，這代表什麼意思？」女人們向在一旁的先知要求。

植
物
神
話
與
傳
說

◆

[33] 人名，意為「烈日」。
[34] 人名，意為「鳥兒」。

先知回答：「這片花床即是奧賽塔，她死後轉變成這些生命形態。她的心像這些白花一樣純淨，她的愛像金花一樣燃燒。仔細看會發現，在溫暖太陽的照射下，花會盛開。隨著太陽落下，花的生命也轉為黯淡；它將閉合，如同在湖面上睡著了一樣。」

之後，威爾塔走進森林，席地而坐，垂首黯然神殤。

100 楊柳 *Willow*

科別：楊柳科　柳屬
學名：Salix

　　在古代中國影響下成長的歐美人，也許會對餐具櫃裡，繪製楊柳圖的瓷器有些印象，但多數人可能從未聽過「青花柳」的故事。

　　這是一幅講述一則淒美愛情故事的圖畫。從前，富人之女孔西（Koong Shee）長得娉婷別緻，她與父親身旁的張姓伙計相愛；然而戀情曝光時，雙方父母堅決反對兩人的婚事，還將孔西許配給一名小氣的富商，然後將其囚禁在「青花柳圖」左側、隔著一條河的寺院廂房。

　　望向窗外，孔西可以看見河水及橋上低垂的楊柳。她寫了首對愛情絕望的詩，訴說多麼渴望重獲自由，如此才得以看見桃樹盛開的光景。

　　張男將情書偷藏在椰子殼中，當成點心偷渡給孔西，以安慰她的思念之苦；孔西則將一個承載一艘小船的椰子殼放到河面上。那艘象牙製的小船刻著這麼一段話：**只有不明智的農夫才會因害怕果子被偷，而提前將其採收。**

　　張男在岸邊徘徊、嘆氣，不知自己能否等到回應。當他看到小船漂浮在水面上時便將其拾起，並在閱讀了孔西的消息後為之振奮。這段話背後的含義是：「若你想娶我為妻，就設法帶我遠走高飛。」

　　張男立即採取行動。他喬裝成旅行僧，獲准進入孔西所在的寺院，兩人收拾好珠寶及其他物品，倉皇逃離。當他們風馳電掣地通過那座橋時，橋邊垂柳不自然地晃動。橋都還沒走完，富人便發現了他們，於是一面揮舞鞭子，一面追趕兩人。

　　若仔細觀察「青花柳」的圖像，便會看到一對逃命鴛鴦；那是張男帶著珠寶盒，孔西手攜女紅，最後是手持鞭子的富人。三人在靜態的圖畫中排成一條正要過橋的隊伍。渴望永恆的年輕伴侶內心急切、動作敏捷，迅速擺脫富商的追逐，乘上了那艘駛於河中的船筏。然後，他們抵達圖上遠處那座河邊的寶塔，自此安身立命。

　　然而，好景不長，原本要娶孔西的吝嗇商人發現了他們的藏身處，縱火燒了他們的房子，也燒死了這段鴛鴦。瓷盤裡的「青花柳」則為這則故事最後的結局：在楊柳正上方，有兩隻振翅飛翔的鴿子，那是戀人化作比翼鳥，繼續譜寫身為人類時，因不被祝福而斷弦的愛情樂章。

植物神話與傳說

◆

101 歐洲紅豆杉 *Yew*

科別：紅豆杉科　紅豆杉屬
學名：Taxus baccata

　　在只有弓箭手擔任士兵與獵人的時代，紅豆杉木是製作弓箭的材料，也因此它的學名是 Taxus baccata，別稱「弓杉」（bow yew）。

　　在著名的文學作品《俠盜羅賓漢》的一個版本中，羅賓漢（Robin Hood）與其他綠林好漢們拿著紅豆杉木製成的弓箭，以雪伍德森林（Sherwood Forest）為根據地，四處劫富濟貧、行俠仗義。後來羅賓漢向國王宣示效忠，日子頓時索然無味。

　　國王駕崩後，他未曾感到悲痛，因這反倒意味著，可以回去過以前的生活；但時代驟變，綠林好漢的行為令人煩擾，因此他們無法重拾偷盜與暴力的老本行，只好轉而去獵人。

　　之後，羅賓漢的妻子（或情婦）少女瑪麗安（Maid Marian）過世後，羅賓漢頓失生存意義。但更糟的事還在後頭；新國王登基後，下令捉拿所有強盜，且公告懸賞羅賓漢。不久，羅賓漢在與皇家士兵搏鬥的過程中受傷，遂請小約翰（Little John）帶他到柯克利會堂（Kirkley Hall）；那是一處修道院，擔任院長的姊姊會為他準備一個房間。

　　羅賓漢在修道院度過一段相對舒適安穩的生活，但由於傷勢過重，已無法手術治療。於是，他將號角置於唇前，用力吹響三聲，這是他過去召集綠林好漢的方式。小約翰知曉羅賓漢大限已到，因過去強勁有力的號角聲如今多麼虛弱微小。

　　小約翰才剛進到房裡，氣息奄奄的羅賓漢便向他索討自己那把做工精良的紅豆杉弓箭，並吩咐道：「把我埋葬在弓箭落下之處。」接著，他將一支箭矢上弦，射了出去。

　　箭矢落在一棵紅豆杉旁，興許這棵杉木曾創造羅賓漢無意識地握在手中的那把弓。羅賓漢嘆了口氣，然後化為人們心中的回憶。後人按其遺願，將他的遺體埋葬在箭矢標誌的那棵紅豆杉下。

加入晨星

即享『**50 元** 購書優惠券』

── 回函範例 ──

您的姓名： 晨小星

您購買的書是： 貓戰士

性別： ●男 ○女 ○其他

生日： 1990/1/25

E-Mail： ilovebooks@morning.com.tw

電話／手機： 09××-×××-×××

聯絡地址： 台中 市 西屯 區

工業區 30 路 1 號

您喜歡：●文學／小說 ●社科／史哲 ●設計／生活雜藝 ○財經／商管
（可複選）●心理／勵志 ○宗教／命理 ○科普 ○自然 ●寵物

心得分享：
我非常欣賞主角…

本書帶給我的…

"誠摯期待與您在下一本書相遇，讓我們一起在閱讀中尋找樂趣吧！"

國家圖書館出版品預行編目（CIP）資料

植物神話與傳說／查爾斯・史金納著，曾盈慈
　譯. -- 初版. -- 臺中市：晨星, 2021.10
　224面；16×22.5公分. --（看懂一本通；12）
　譯自：Myths and legends of flowers, trees,
　fruits, and plants : in all ages and in all climes
　ISBN 978-626-7009-84-0（平裝）

1.植物 2.民間故事

539.593　　　　　　　　　　　110015061

看懂一本通 012

植物神話與傳說
101種花草木果的自然知識與傳奇故事

作者	查爾斯·史金納 Charles M. Skinner
譯者	曾盈慈
編輯	余順琪
校對	Lydia、施靜沂
封面設計	耶麗米工作室
美術編輯	林姿秀

創辦人	陳銘民
發行所	晨星出版有限公司
	407台中市西屯區工業30路1號1樓
	TEL：04-23595820　FAX：04-23550581
	E-mail：service-taipei@morningstar.com.tw
	http://star.morningstar.com.tw
	行政院新聞局局版台業字第2500號
法律顧問	陳思成律師
初版	西元2021年10月01日
初版二刷	西元2023年09月10日

讀者服務專線	TEL：02-23672044／04-23595819#212
讀者傳真專線	FAX：02-23635741／04-23595493
讀者專用信箱	service@morningstar.com.tw
網路書店	http://www.morningstar.com.tw
郵政劃撥	15060393（知己圖書股份有限公司）
印刷	上好印刷股份有限公司

定價 350 元
（如書籍有缺頁或破損，請寄回更換）
ISBN：978-626-7009-84-0
圖片來源 https://www.shutterstock.com/

Published by Morning Star Publishing Inc.
Printed in Taiwan
All rights reserved.
版權所有·翻印必究

最新、最快、最實用的第一手資訊都在這裡